KB129436

왕처럼
키워라

왕처럼

조선 왕실 500년
천재 교육의 비밀

키워라

백승헌 지음

이지북
ez-book

머리말

《조선왕조실록》에서 찾아낸
조선 왕실 500년 천재 교육법

조선 시대 왕자들의 교육은 국가의 운명과 관계가 깊었다. 어떤 왕이
통치하는가에 따라 국운이 판가름 났기 때문에 왕자들이 어린 시절
부터 받는 교육이 중요할 수밖에 없었다. 특히 왕자 교육이 본격적으
로 시행되었던 태종 때부터 조선의 마지막 왕인 순종까지의 역사를
살펴보면 그 교육의 중요성을 알 수 있다. 조선 왕실은 위대한 교육
방식으로 20명의 왕자 중에서 4명의 천재를 배출했다. 세종과 성종,
영조와 정조가 뛰어난 기량으로 업적을 쌓았다.

　그러나 모든 조선의 왕들이 어머니의 복중에 있을 때부터 치밀하
게 이루어지는 '왕실의 천재 교육' 혜택을 받은 것은 아니었다. 조선
의 왕 27명 중 천재 교육을 받지 않았거나 받을 수가 없었던 왕은

7명이다. 태조, 정종, 태종, 단종, 강화도령 철종, 대원군의 아들 고종, 재위 기간이 불과 2년인 순종이 그들이다. 정조 이후의 왕들은 사실상 천재 교육을 제대로 받지 못했다.

천재 교육을 받지 않은 왕이 통치할 때 나라는 어떠했을까? 그 결과 조선 후기의 사회적·정치적 혼란은 극심했다. 역사에서 가정은 의미가 없다지만 만약 제대로 된 교육을 받은 왕이 통치했다면 달라지지 않았을까?

조선 왕실의 천재 교육을 받은 20명 중에서 4명의 천재적 왕이 난 비율은 20%에 해당한다. 이 4명의 왕들은 어떤 교육을 통해서 천재가 되었을까? 《왕처럼 키워라》는 이 질문에 대한 답을 다룬 책이다. 조선 왕실 교육의 대표적인 특성은 학습 교육법과 두뇌 건강법을 과학적으로 결합시켰다는 점이다. 현대의 교육학적 연구에서 밝혀진 두뇌와 학습과의 관계를 이미 700년 전에 알고 있었다는 것이 놀랍다. 이는 21세기 첨단 과학 시대에 다시 재조명되어야 할 교육적 자료이기도 하다.

조선 왕실의 천재 교육은 아이가 태어나기 전 태교부터 시작하여 탄생 후의 교육까지 매우 철저했다. 두뇌 건강법을 위한 아기들의 운동법도 따로 있었다. 도리도리 짝짱꿍이나 까꿍 등의 운동법은 세계사에서 유례를 찾을 수 없는 과학적 방법이다. 또한 성장기 왕자들을 위해 '총명탕'이라는 한약 처방을 사용하기도 했다. 이러한 방법은 실제 매우 효과적이다.

필자는 성균관대학교 교육학 박사과정 중 조선 왕실의 천재 교육의 특성을 깊이 연구한 바 있다. 특히 조선 왕실의 천재 교육과 유대인의 천재 교육을 비교한 논문을 발표하기도 했다. 천재 교육의 객관적인 결과를 증명할 수 있는 방대한 자료를 토대로 이 책을 집필하게 되었다. 실제로 조선 왕실과 유대인의 교육법은 극히 유사한 일면이 많다.

한번은 한의학적으로 총명탕의 효과를 실험해 검증하기도 했다. 조선 왕실에서 사용한 총명탕 처방을 그대로 고교생을 대상으로 실험해보았다. 그 결과 놀랍게도 높은 수준의 성적 향상이 이뤄지는 것이 통계로 보였다. 성적이 중위권을 맴돌던 학생이 총명탕을 복용한 후에 상위권 진입을 하거나 이미 상위권 학생이 기존의 점수를 뛰어넘는 최고의 성적을 거두는 등의 결과가 나타났다. 한국에서 여고를 졸업한 후 미국의 명문대인 스탠포드 대학교 등의 아이비리그에 진입한 학생이 있었고, 한국의 명문대에 진학한 학생도 여럿이었다. 총명탕의 효과는 80% 이상이 유효했으며 그중에 20%는 획기적인 성적 향상으로 이어졌다. 이러한 결과는 조선 왕실의 천재 교육이 지닌 독특한 두뇌 건강법이 21세기에도 여전히 건재하다는 것을 보여주는 방법이다. 지금도 입시를 준비하는 자녀를 둔 학부모들은 조선 왕실의 두뇌 건강음식인 총명탕을 복용시키는 경우가 많다. 실제적인 효과가 전혀 없었다면 이러한 전통은 이어지지 않았을 것이다. 세계 어떤 교육학에서도 유례를 찾아볼 수 없는 두뇌 건강법으로서 총명탕은 과학적으로도 분명히 입증이 된 것이다.

필자는 이 책을 쓰기 위해 《조선왕조실록》을 비롯해 폭넓은 자료 조사를 했고 교육학과 한의학을 통합한 연구를 했다. 그리고 오늘날 우리나라의 교육처럼 수없이 많은 사교육과 입시 지옥식 교육이 아닌 전인적 교육의 효과를 발견했다.

조선 왕실의 왕자들은 엄청나게 많은 시간 동안 다양한 공부를 한 결과 뛰어난 사람이 된 것이 아니었다. 그들은 유대인의 천재 교육과 유사한 환경적 시스템과 두뇌 건강법을 통해서 후천적인 천재로 만들어진 것이다. 우리의 소중한 자녀들을 '뛰어난 왕처럼 키우기 위해' 이 책을 읽고 실제 교육에 적용하는 것을 추천한다.

2016년 여름
의산 백승헌

차례

4장 천재 교육에 실패한 왕

5장 왕자들의 조기 영재 교육

· 1 장 ·

왕자들의
어린 시절

세종의 창의력

세종대왕은 조선왕조를 대표하는 성군이다. 조선의 제4대 왕이고 조선 초기의 정치와 문화의 거대한 틀을 세웠다. 그는 정치적인 안정을 비롯한 여러 치적 이외에도 한글을 창제하고 측우기를 비롯한 여러 과학적인 기기를 발명한 것으로 유명하다.

그의 일대기에는 많은 일화가 있다. 특히 태종의 셋째 아들로 태어난 그가 위로 양녕, 효령을 제치고 왕세자가 되어 왕위를 계승한 일화는 너무나 널리 알려져 있다. 세종은 11세 되던 해에 충녕군에 봉해지고 15세에 충녕대군으로 진봉되었으며, 21세 되던 해에 세자로 책봉되었다.

조선 왕실의 세자 책봉은 대략 8세에 정해지는데, 그는 21세가 될 때까지 왕위 계승권과 관계없이 치열하게 심신을 단련하였다. 그의 지도자로서의 자질은 오랜 기간 검증되었고, 태종뿐만 아니라 신하들의 환영을 받아 세자로 책봉되었던 것이다.

태종은 세종을 왕위 계승자로 결정하며 이렇게 말했다.

"충녕은 천성이 총명하고 민첩하며 학문을 좋아하여 날씨가 추우나 더우나 밤이 새도록 글을 읽으므로, 나는 그가 병이 날 것을 염려하여 항상 밤에 글 읽는 것을 금지하였다. 그러나 충녕은 내가 가지고 있던 책을 모두 청하여 가져갔다. 충녕이 대위를 맡을 만하니 나는 충녕을 세자로 책봉하노라."

태종의 셋째 아들인 소년 충녕이 조선의 가장 뛰어난 왕으로 추앙받는 세종대왕이 된 원동력은 무엇일까?

그는 지독한 독서광이었고 끊임없이 공부하며 생각하는 소년이었다.

그의 천재성은 하루아침에 얻어진 것이 아니다. 많은 노력을 통해 두뇌를 발달시켰으며 창의력을 길렀던 것이다. 세종은 어린 시절부터 경서는 모두 100번씩 읽었고 그래도 이해되지 않는 책은 최고 300번까지 읽었다. 책을 읽을 때는 반드시 정독하는 것을 원칙으로 했다.

그의 지독한 독서열을 보다 못한 태종이 충녕의 건강이 염려되어 책을 모두 치워버린 일화가 있다.

"과거를 볼 것도 아닌데 왜 이렇게 몸을 고단하게 하느냐?"라고 말했던 것이다.

그런 조치와 만류에도 충녕의 독서열은 식을 줄 몰랐다고 한다. 심지어 단순하게 독서만 한 것이 아니었다. 독서를 하며 문구를 외워 아는 것에 만족하지 않았고 경전마다 다양한 학설과 주석을 참조하여 각각의 이치와 논리 체계를 이해하려고 하였다. 또한 이를 토대로 더욱 깊게 사유하고 연구하고자 했다.

그러한 세종의 독서열과 탐구심은 두뇌 발달로 볼 때, 창의력 형성에 매우 유익한 영향을 미쳤다. 지독한 반복 학습은 뇌를 발달시킴은 물론이고 책의 내용을 깊이 이해하게 하며 창의력을 높이는 데 매우 효과적이기 때문이다.

세종의 어린 시절에 얽힌 일화는 이외에도 수없이 많은데 목표를 향해 끈기 있게 노력하고 옳다고 판단되는 일은 반드시 실행했던 것이 본받을 만하다.

그러한 정신력이 있었기에 한글을 창제할 수 있었고, 훈민정음의 반포 때에는 최만리를 비롯한 완고한 신하들의 반대를 극복하고 한글을 세상에 내놓을 수 있었던 것이다.

성종의 대범성

성종은 13세의 어린 나이에 왕좌에 오른 소년 왕으로 유명하다. 그가 통치하던 시기는 조선 시대 전체를 통틀어 가장 평화로웠다. 그의 탁월한 정치력에 힘입어 조정이 안정되었고 대범한 성품으로 백성을 사랑하고 신하를 아꼈기 때문이다. 또한 성종은 궁중에 농토를 장만하여 직접 땅을 일궈 경작을 했으며 내전에 누에까지 치게 할 정도로 평민적이고 소박하였다.

성종은 조선 제9대 왕으로, 세조의 적장자였던 덕종의 둘째 아들이었으나 삼촌인 예종의 뒤를 이어 왕위에 올랐다. 예종이 즉위한 지 얼마 되지 않아 세상을 떠나자, 그 아들이 어렸기 때문에 세조의 비인 정희대비가 성종으로 하여금 왕위를 잇게 했다.

왕위 계승권으로 따지자면 성종의 형인 월산군과 예종의 어린 두 아들이 우선이었지만 성종의 대범성이 인정되어 왕으로 등극하였던 것이다.

　성종은 13세의 어린 나이에 왕이 되었기 때문에 7년간 할머니 정희대비가 수렴청정을 하다가 20세에 이르러 비로소 나라의 일을 맡았다. 그러나 어린 성종은 정희대비가 섭정을 하는 기간에도 대단히 조숙하고 영특하여 정사를 잘 파악해 이끌어나갔다.

　《성종실록》에 보면, 그의 어린 시절 대범성에 관한 유명한 일화가 있다.

　성종이 형 월산군과 함께 할아버지 세조를 모시고 궁중의 어느 마루에서 글을 읽고 있었다. 그때 천둥과 번개가 몰아치고 폭우가 쏟아지더니 곁에 있던 어린 내시가 벼락을 맞아 죽었다. 그러자 주변에 있던 신하들이 모두 혼비백산하여 넘어지는 등 겁게 질리지 않은 사람이 없었다. 죽음을 곁에서 목격하면 인간은 본능적인 두려움에 휩싸여 정신을 잃게 되는 것이다.

　그런데도 어린 성종은 얼굴빛 하나 변하지 않고 의연한 자세를 보였다. 조금도 두려워하는 기색이 없었으며 언어와 행동이 평상시와 다름없이 침착했다.

그 당시 성종은 열 살이었고 형 월산군은 열다섯 살이었는데, 월산군은 겁에 질려 떨었던 반면 성종은 침착했기에 성종의 대범성이 더욱 빛났다. 훗날 월산군이 다섯 살이나 나이가 많았음에도 왕위 계승권을 얻지 못한 것은 이 일과 무관하지 않았다.

세조는 손자인 성종의 그런 모습을 보고 태조를 닮았다고 말하며, 기상과 학식이 뛰어난 대범한 성군이 될 것임을 예견했다고 한다.

성종에 대한 세조의 평가는 그 사고 현장에서의 한순간을 보고 내린 것은 아니었다.

성종은 태어난 지 두 달도 채 못 되어 부왕인 아버지 덕종을 잃었기에 할아버지 세조가 궁중에서 키웠다. 성종은 일찍 아버지를 여의었지만 궁중에서 할아버지 세조의 사랑을 받으며 자신의 재능을 한껏 다듬었다. 타고난 기품도 뛰어났지만 언제나 치열하게 노력하는 자세로 임했다. 그래서 기예와 서화에 뛰어났고 언행과 몸가짐이 단정하여 세조의 사랑을 한몸에 받을 수 있었던 것이다.

그가 평탄치 않은 어린 시절을 아무런 생각 없이 보냈다면 어떻게 되었을까?

대범성은 두뇌 발달 측면에서 보면, 깊은 사색과 적극적인 현실 적응력에서 나타난다. 성종은 어린 시절부터 남달리 노력하는 자세로 치열하게 심신을 단련했다. 별다른 노력 없이 언행과 몸가짐이 단정해질 수는 없다. 내면세계를 깊게 다듬었을 때 언행과 몸가짐이 바르게 나타나며 대범해질 수 있다.

그러한 의미에서 소년 왕으로 등극하여 태평시대를 연 성종의
어린 시절의 노력은 오늘날 어린이들에게 귀감이 되고도 남을 것
이다.

영조의 결단력

영조는 조선 시대의 철인 군주로 정평이 나 있다. 그는 극단으로 치닫는 당쟁을 해결하기 위해 탕평책을 실시한 것으로 알려져 있다. 탕평책은 당쟁의 폐단을 없애고 인재를 널리 등용하여 조정을 안정시키는 데 효과적이었다.

영조는 조선의 21대 왕이며 숙종의 차남이며 서자였다. 무수리 출신인 숙빈 최씨의 소생으로 불우한 신분적 환경을 극복하고 왕으로 등극하였다.

그는 아들이 없던 경종의 동생으로 28세에 왕세자로 책봉되었는데, 책봉 과정에서부터 엄청난 당쟁의 소용돌이에 휘말렸다. 그 과정에서 그는 하마터면 역모의 주동자로 몰려 목숨을 잃을 뻔하였다.

왕처럼 키워라

그러나 그는 어린 시절부터 유달리 결단력이 강했고 의지가 굳건했기 때문에 그 위기를 극복할 수 있었다.

그는 어린 시절에 재기가 뛰어나 숙종의 사랑을 받았고 독서와 창작 활동에 관심이 많았다. 무수리 어머니에게서 태어난 서자의 설움을 학구열로 극복했던 것이다.

그가 왕으로 재임하는 동안 수많은 글씨와 시, 단문, 산문 등을 남길 수 있었던 것은 어린 시절의 남다른 노력 때문이다. 실제 그는 재임 기간 동안 웬만한 국정은 정확히 이해하였으며, 노년에는 학식이 상당한 수준에 올라 학문이나 국정 운영, 인생 경험에서 노련한 대신들에게도 절대 뒤지지 않았다. 《조선왕조실록》에는 세종, 성종, 영조, 정조 등이 경연에 충실했던 모범생으로 기록되어 있다. 경연은 왕에게 유교의 경서(經書)와 역사를 가르치던 교육제도나 그 교육 장소를 가리키는 말로 영조가 얼마나 학문에 충실했는지를 알 수 있다.

어린 시절부터 영조는 극심한 당쟁의 소용돌이를 지켜보며 결단력을 키웠다. 그가 철인 군주로 강한 결단력을 지닐 수 있었던 데는 부왕이고 이복형이었던 경종의 불우한 환경과 불안한 왕권의 영향이 컸다.

경종은 병약한 데다 14세에 어머니 장희빈이 사약을 받고 죽은 후 정신적으로 엄청난 충격을 받아 건강이 좋지 않았다. 적장자여서 왕위에 올랐으나 병약한 데다 자식마저 없었기 때문에 늘 불안한 상태였다. 더구나 건강이 극도로 악화되자 영조가 대리청정을 하면서 왕위 계승자로 지목되었기 때문에 경종의 입지는 더욱 악화되었다. 영조 역시 불안하기는 마찬가지였지만 강한 정신력과 체력으로 그 모든 험난한 과정을 이겨냈다.

생사를 넘나드는 심각한 위기를 넘기고 31세에 왕위에 오른 영조는 당파 싸움의 폐해를 없애기 위해 강한 결단력을 발휘했다. 국정의 기본방향을 모든 당파가 고르게 참여하는 탕평정치로 잡고 성균관 탕평비문에 그 뜻을 새겼던 것이다.

"편당을 만들지 않고 두루 화합함은 군자의 공평한 마음이고, 두루 화합하지 아니하고 편당을 만드는 것은 소인의 사사로운 마음이다."

영조는 탕평책을 써서 신권중심의 정치체계에서 왕권을 강화하는 전기를 마련하고 국가 전례를 정비하고 경제를 개혁하는 데 많은 힘을 기울였다.

《조선왕조실록》에 보면 영조는 조선조 최고의 장수 왕으로 83세까지 살면서 생사를 넘나드는 질병을 앓은 적이 없었다. 그만큼 건강했기에 강한 결단력을 지닐 수 있었던 것이다.

정조의 의지력

조선 시대 왕들 중에서 정조는 문화정치를 표방한 것으로 유명하다. 정조는 조선 시대 왕가에서 가장 학문에 능했다는 평가를 받을 정도로 학문에 대한 열정이 강했다. 그는 학문이 깊은 학자였기 때문에 《홍재전서》라는 문집을 남긴 유일한 왕이기도 하다.

그는 조선 제22대 왕으로 영조의 둘째 아들인 사도세자의 맏아들로 태어났다. 7세 때 세손에 책봉되었고, 10세의 어린 나이에 아버지 사도세자의 비극적인 죽음을 맞이했다.

그 후 25세에 왕으로 등극하기 전까지의 삶은 험난했다.

아버지 사도세자가 당쟁에 희생된 것처럼 정조 또한 갖은 위험 속에서 어렵게 세손의 자리를 지켜내야 했다. 정조는 자신에게 다가온

비극과 위험을 학문적인 열정으로 이겨냈다. 일찍부터 인생의 어두운 면을 보게 되면서 학문으로 현실의 고통을 이겨내고자 했던 것이다. 정조의 학문에 대한 열정은 백일도 채 안 된 유아기 때부터 시작되었다.

백일도 채 안 되어 글자를 보면 혼자 방실방실 웃었고 이에 아버지인 사도세자가 친히 글을 써서 책을 만들어주었다. 어린 정조는 늘 그 책을 가지고 놀거나 읽는 시늉을 하고 아끼며 어루만져 책이 다 너덜거릴 정도였다. 또한 어린 정조는 돌잔치 때 돌상으로 걸어가서 맨 먼저 붓과 먹을 집어 책 읽는 흉내를 낼 정도로 학문을 좋아할 조짐을 보였다고 한다.

실제 정조는 성장하여 세손이 되자 '개유와'라는 도서실을 마련하여 경사와 관련한 모든 책을 섭렵했다. 정조는 진정으로 학문을 좋아하였으며 학문 연마에도 매우 성실하였다.

현재 규장각의 《소학》의 한 질에는 다음과 같은 글귀가 적혀 있다.

"영조가 나에게 주셨고 나는 그 손자에게 전하니, 내가 태어나고 손자가 태어나 이 책을 받아서 읽고 전해주기까지 걸린 시간이 18년, 오늘을 맞이하여 다시 펼치게 되었네."

이 말뜻은 영조가 첫돌을 맞은 둘째 아들 사도세자에게 책을 주었고, 사도세자는 다시 첫돌을 맞은 아들 정조에게 책을 주었다는 것을 의미한다. 또한 그 속에 감춰진 의미로는 영조와 사도세자가 첫돌을 맞은 어린 자식에게 이 책을 대물림해줌으로써 그들이 《소학》을 공부하여 예절과 덕망을 갖춘 군왕이 될 것을 기원하였던 것이다.

그러한 학문적 열정은 지도자가 갖추어야 할 덕목으로 여겨졌으며 학문, 역사, 철학에 대해 깊이 이해하고 실행할 수 있게 하였다. 또한 강한 의지력을 결집시켜 개혁적인 치세가 돋보이도록 하였다. 정조의 어린 시절을 재조명해보면 개인의 노력과 환경의 영향이 얼마나 중요한지 알 수 있다. 어린 시절부터 지닌 학문에 대한 남다른 열정과 비극적인 상황을 이겨내는 꿋꿋한 정신력은, 훗날 실력 있는 인재를 등용하는 정치풍토를 조성하는 개혁적인 인사정책과 개혁정치, 문화정치를 펴는 원동력이 되었던 것이다.

· 2 장 ·

왕자들의
천재 교육 프로그램

천재 교육 프로그램의
기록과 분석

왕자의 교육이 지향하는 궁극적 목표는 전인적 천재 교육이었다. 유아기의 조기 영재 교육에서부터 두뇌 발달을 위한 노력까지 지속적으로 강화되어 식견과 능력을 갖추고 경륜을 쌓아 성군이 되게끔 하는 것이었다.

그 과정은 어떤 교육보다 치열했고 체계적이었으며 효과적이었다. 유대인의 천재 교육이나 오늘날의 영재 교육과는 비교할 수도 없다. 한 국가가 정책적으로 미래의 지도자를 위해 수시로 대신회의를 열어 천재 교육을 하는 경우는 세계사에 유례가 없을 정도였다.

그것은 통치자가 단순히 정권을 이어간다는 측면이 아니었다. 뿌리 깊은 민족적 특성에서 나타나는 역사의식과 조선의 통치 이념인 유교 사상에 따라 세세손손 가문의 영광을 이어가야 하는 전통에 기인했던 것이다.

그렇기 때문에 왕자들의 교육은 뭔가 특별했고 그 결과 역시 뚜렷했다. 역사학자들은 조선 시대를 평할 때 시대적 흐름으로 논하겠지만, 조선 시대 왕들에 대한 기록을 정밀하게 분석하면 왕자들의 천재 교육 프로그램의 결과가 나타난다.

성군과 폭군은 일반적인 기준으로 구분하는 것이 아니라, 역사적 치적과 개인적인 능력을 살펴보면 객관적으로 판단할 수 있다. 필자는 그러한 역사적 사실을 확인하기 위해 서초동 중앙도서관을 수시로 찾았다.

중앙도서관에는 《조선왕조실록》 영인본 서책이 빽빽이 꽂혀 있었으며, 웹으로도 검색할 수 있도록 컴퓨터도 있었다. 처음에는 서책을 뒤적이며 조사했는데 분량이 방대해 하는 수 없이 웹으로 일일이 검색했다.

《조선왕조실록》에 나타난 왕자의 교육과 왕들에 관한 기록은 참으로 놀라운 것이었다.

필자는 성군들의 천재성을 보며 깊은 생각에 잠겼다.

그들도 처음 태어났을 때는 여느 가정에 태어난 아이와 다름없었을 것이다. 그러나 그들이 천재 교육을 통해 성군이 되는 과정, 그리고 성군이 되어 이룬 업적에 대한 갖가지 자료들은 간단히 넘길 문제가 아니었다.

왕자들의 천재 교육은 객관적 자료로도 명백하게 나타난다.

조선 시대 27명의 왕들을 자세히 분석하면 천재적인 7명의 왕이 있다.

모두 7명의 천재형 왕이 있는 셈이다. 반면에 그들 중에 천재 교육을 받지 않은 왕은 태조, 정종, 태종과 정조 이후의 순조, 헌종, 철종, 고종, 순종으로 모두 8명이다.

이들 왕들을 살펴보면, 태조는 왕족이 아니었기 때문에 왕자 교육을 못 받았고 그의 아들 정종과 태종 역시 아버지 태조가 57세에 왕이 되었으니, 늦게 왕자가 되어 교육을 받지 못했다. 그리고 조선 후기 왕의 경우도 그랬다. 정조 사후 순조가 11세에 왕에 오르면서 외척의 세도정치에 휘말리면서 천재 교육을 받지 못했다.

도리어 허수아비 왕이 되도록 다분히 우민화 교육을 받았다. 그러니 헌종의 경우는 7세에 즉위해 외척의 세도정치에서 허수아비 역할을 했다. 또 TV드라마에 소개되어 강화도령으로 유명한 철종은 아예 깡 무식 시골총각이었다. 철종에 이어 고종 역시 궁궐 밖의 인물이었고 마지막 왕 순종은 역대 왕들 중에 유일하게 고종이 강제 퇴위되면서 형식적인 왕으로 내세워졌을 뿐이다.

그 밖에 천재 교육을 받았으나 재위 기간이 짧아 평가가 힘든 4명의 왕이 있다. 바로 단종(3년), 예종(1년), 인종(8개월), 경종(4년)으로

조선 시대 왕들의 즉위와 재위 비교

번호	왕	즉위 연도	즉위 시 나이	재위 기간
1	태조	392년	57세	7년
2	정종	1398년	42세	2년
3	태종	1400년	34세	18년
4	세종	1418년	22세	32년
5	문종	1450년	37세	2년
6	단종	1452년	12세	3년
7	세조	1455년	39세	13년
8	예종	1468년	19세	1년
9	성종	1469년	13세	25년 1개월
10	연산군	1494년	19세	11년
11	중종	1506년	18세	39년
12	인종	1544년	30세	8개월
13	명종	1545년	12세	22년
14	선조	1567년	16세	41년
15	광해군	1698년	34세	15년
16	인조	1623년	28세	27년
17	효종	1649년	31세	10년
18	현종	1659년	19세	15년
19	숙종	1674년	14세	46년
20	경종	1720년	33세	4년
21	영조	1725년	31세	52년
22	정조	1762년	25세	24년
23	순조	1800년	11세	35년
24	헌종	1834년	7세	15년
25	철종	1849년	19세	14년
26	고종	1863년	11세	43년
27	순종	1907년	33세	3년

왕처럼 키워라

재위 기간이 4년 미만으로 매우 짧다. 《조선왕조실록》에 그들에 대한 기록이 미비하여 천재 교육에서 이들 4명은 제외했다.

그러나 그들 중 인종(8개월)은 타고난 천재로 유명했다. 《조선왕조실록》에 보면 태어난 지 2년 2개월밖에 안 된 인종은 《천자문》을 완전히 떼었고 《유합》은 절반이나 떼었다고 한다. 또한 열 살에 사서를 읽을 정도였지만 불행히도 재위 기간이 너무 짧아 제대로 된 평가를 할 수 없었다.

그리고 선조와 인조는 왕자 출신이 아니었기 때문에 제외했다. 선조는 중종의 서출 7남인 덕흥대원군의 셋째 아들로서 왕자 교육을 받지 않았다. 인조는 연산군의 폭정으로 인해 반정으로 왕이 되었는데, 그는 선조의 서출 5남인 정원군의 장남으로 선조와 마찬가지로 왕자 교육을 받지 않았다. 이 2명의 왕은 천재 교육에서 제외했다.

이러한 객관적인 자료를 바탕으로 통계를 내보면 다음과 같다.

모두 27명의 왕들 중에서 천재 교육을 받은 왕은 17명이 된다. 그중에서 재위 기간이 짧은 왕 4명을 빼면 13명이 된다. 그러니까 천재 교육을 받은 왕은 모두 13명이다. 그들을 대상으로 천재적인 7명의 왕과 왕자 교육을 받은 13명의 왕을 백분율로 환산하면 53.8%가 된다.

천재 교육에 성공한 비율 53.8%는 천재 교육의 놀라운 실효성을 입증할 수 있는 수치이다. 반면 천재 교육에 실패한 왕으로는 연산군, 중종, 명종으로 3명을 들 수 있는데, 백분율로 환산하면 23%가 된다.

천재 교육에 실패한 비율 23%는 그렇게 높은 수치라 할 수 없다.

그리고 천재 교육에 대한 결과가 보통이거나 보통 이상으로 나타나는 왕으로는 효종, 현종, 숙종으로 나름대로의 치적이 있다. 그들은 3명으로 실패한 왕의 비율과 동일한 23%로서 천재적 왕은 분명히 아니었다. 하지만 그들의 재위 기간 동안 큰 정치적 혼란이나 실정, 폭정은 없었다.

효종은 북벌정책에 성공하지는 못했지만 사회적 안정을 이루었으며, 현종은 뚜렷하게 내세울 사회적 발전이나 치적은 없었지만 외침이 없었고 다른 시대에 비해 평화롭고 한가했다. 숙종은 환국정치로 왕권을 안정시켰고 조선 시대 후기의 경제적 발전을 일구었으며 사회적 안정을 이루었다.

이렇듯 왕자 교육에 대한 분석은 천재적 왕과 실패한 왕, 보통이거나 보통 이상인 왕으로 분류해 정확성을 기했다.

이 분석 결과로 볼 때 조선의 왕들이 아무리 뛰어난 유전자를 지녔다고 해도 천재적 왕이 53.8%라는 수치는 후천적 교육을 받지 않고서는 불가능하다는 것을 나타낸다.

결론적으로 성군이나 천재는 타고나는 것이 아니라 만들어진다는 것임을 분명히 알 수 있다. 왕자들의 천재 교육으로 인해 성군이나 천재가 만들어졌으며, 그들로 인해 조선 시대의 화려한 정치, 경제의 개혁, 정치·경제적 안정기, 문화의 르네상스 시대가 열렸던 것이다.

석학 스승들의
천재 만들기 열풍

왕자의 교육을 위해서 조선에서 최고의 석학 스승들이 동원됐다. 당연직으로 영의정이 세자의 사(師)로, 좌의정과 우의정 중에 한 명이 부(傳)가 됐다.

그리고 종1품의 찬성 한 명이 이사(貳師)로 임명됐다. 조정의 최고 실권자이자 당대의 석학들이 총동원되었던 것이다. 그러나 영의정과 좌의정, 우의정은 삼정승으로 공무가 바빴기 때문에 세자 교육에 전념할 수 없는 상징적 존재였다. 대신에 세자를 전담하며 교육을 시키는 보덕 이하의 전임관료들이 있었다.

세자의 교육을 전담하는 관료는 종3품의 보덕(輔德) 1명, 정4품의 필선(弼善) 1명, 정5품의 문학(文學) 1명, 정6품의 사서(司書) 1명, 정

7품의 설서(設書) 1명까지 5명이었다.

　그들은 모두 문과에 합격한 쟁쟁한 실력자들이었다. 가문도 좋고 실력도 있으며 30~40대의 참상관(參上官)으로 전문 관료이며 이력도 쌓여 있었다. 장차 당상관으로 승진하여 관료 사회를 주도할 가능성이 있는 인물들이었다.

　그들은 당대의 석학들로서 성군을 배출하는 것이 꿈이자 최고의 영예였다. 미래의 왕이 될 세자와 인간적 유대감을 형성할 경우, 세자가 왕이 되면 그들은 당상관이 될 것이기 때문에 마치 예비내각처럼 세자에게 식견과 능력을 심어주고 경륜을 쌓도록 최선을 다했다.

　그러한 관계로 인해 석학 스승들의 노력은 보통 이상의 특별한 정성이 들어갔다.

　예를 들면, 세종을 가르친 스승 이수의 경우에는 생원시에 1등으로 합격했고 문과에는 낙방했지만 교육자로서는 뛰어났다. 그가 왕자 시절의 세종에게 지극 정성을 쏟음으로써 나중에 세종이 왕이 되었을 때 이조판서, 병조판서와 같은 요직에 중용되었다.

　그는 관직 생활을 하며 뇌물 수수 혐의로 면직 처분을 받는 등의 고비가 있었음에도 끝까지 세종의 총애를 받았다. 이러한 사제의 관계로 미루어볼 때 왕자의 교육에서 보면, 스승의 정성과 열의를 능히 짐작하고도 남음이 있다. 그러나 학업에서의 왕자와 스승의 관계는 매우 엄격한 일면을 지니고 있었다.

학업을 게을리하는 왕자에 대해서는 인간적인 유대감이 있다 해도 엄격하게 상소문을 올렸다. 《태종실록》에 보면 세자가 학업을 게을리 한 것에 대해 사간원에서 상소문을 올린 것이 기록되어 있다.

공부 방법은 다양한 각도에서 찾았다. 《성종실록》에 보면 세자의 학습에 대해 장시간 의논하는 기록이 나와 있다. 왕이 직접 왕자의 교육을 담당하는 시강관과 의논을 했다. 그 밖에도 《조선왕조실록》에 보면, 세자의 학습에 대해 의논하거나 세자의 학습 진도, 학습 태도 등에 대한 의논과 상소에 대한 기록이 많이 나온다.

왕자의 교육에는 왕과 신하 모두가 대단히 엄격했다. 심지어 《세조실록》을 보면, 세자의 질문에 잘못된 답변을 한 서연관을 국문토록 한 기록도 있다.

이러한 노력들은 왕자의 천재 교육이 성공적인 결실을 맺게 된 요인이었다. 성군은 태어나는 것이 아니었다. 최고의 석학들이 자신들의 포부를 펼치게 해줄 성군을 배출시키기 위해 온 정성을 기울였고 왕과 신하, 온 백성의 노력과 소원이 한데 뭉쳐져서 성군이 만들어졌던 것이다.

시련과 고난을 극복하는
천재 교육의 과정

왕자의 교육에서 절대로 빠뜨릴 수 없는 것이 시련과 고난을 극복하는 과정이었다.

천재적인 왕으로 불리는 7명 왕들의 공통점은 시련과 고난의 세월을 견디고 묵묵히 자기 수양과 교육에 전념했다는 것이다. 특히 세종, 세조, 성종, 영조, 정조 등을 면밀히 분석해보면, 그들은 적장자가 아니었고 왕이 될 가능성이 희박했다. 그러나 그들은 지독한 독서열을 불태웠고 불안정하고 확정적이지 않은 조건 속에서도 열심히 공부했다.

특히 세종은 형인 양녕대군이 세자로 책봉되어 장차 왕위를 이을 것이 확실한데도 누구보다 학업에 열중했다. 그는 아버지 태종의 피비린내 나는 살육의 과정을 지켜보았다. 왕자의 난을 일으켜 권력을 장악하려고 아버지 태종은 형제들을 몰살했고, 궁중을 피로 얼룩지게 했다.

막강한 군사력을 동원한 권력 쟁취와 유지라는 명분하에 자행되는 폭력의 비정함을 고통스럽게 지켜보았던 것이다. 그러나 세종은 외부를 살피기보다는 내면을 중시했다.

《조선왕조실록》에 보면 세종이 내면을 중시했던 유명한 일화가 있다.

한번은 세자가 멋진 복장을 하고 모시는 자를 돌아보며 말했다.
"내 몸과 차림새가 어떠한가?"
그 말을 가까이서 듣고 있던 충녕대군(세종)이 말했다.
"먼저 마음을 바로 잡은 뒤에 용모를 돌보시고 닦으시기 바랍니다."
그 말을 듣고 곁에서 모시는 대신이 탄복하며 말했다.
"대군의 말씀이 정말로 옳습니다. 세자 저하께서는 이 말씀을 잊지 마시기 바라옵니다."
세자는 이 말을 듣고 매우 부끄러워하였다고 한다.

세종은 왕자 시절에 너무나 공부에 열심이었기 때문에 아버지 태종이 이를 염려하여 "너는 할 일이 없으니 평안하게 즐기기나 하여라"고 충고하였다고 한다. 그래도 세종이 변함없이 공부를 하자 태종은 세종에게 밤에는 책을 읽지 못하게 한 적도 있었다.

세조, 성종과 광해군, 영조, 정조도 마찬가지였다. 세조는 《단종애사》에 비정한 폭력성을 지닌 왕으로 묘사되어 있지만 누구보다 활달하고 남성적이었으며 천재적이었다. 그 역시 왕위 계승과 전혀 상관없는 위치에 있었다. 하지만 왕자 시절 학문과 무술, 심지어 농사까지 지어본 열정적인 기질이 있었다.

《조선왕조실록》에 보면 세조의 왕자 시절 독서열에 대한 일화가 있다.

세조가 학문을 좋아한다는 말을 듣고 아버지 세종이 《자치통감》을 주었는데, 그때 세조는 "천하의 좋은 서적을 다 읽지 않으면 나는 다시 활을 잡지 않겠다"고 맹세하고 독서에 매진했다. 그 역시 조카 단종이 어린 나이에 왕이 되어 정치적인 불안정이 지속되는 동안 자신에게 쏟아지는 위협과 고통을 견뎠고 마침내 이겨냈던 것이다.

성종은 태어난 지 두 달도 못 되어 아버지 의경세자가 죽고 할아버지 세조의 손에서 자라면서 묵묵히 공부에 열중했다. 그 역시 예종의 장남인 월산대군이 적장자로서 우선적으로 왕위 계승권이 있었음에도 총명함을 보여 왕위에 올랐다.

광해군은 선조의 서자 출신이었다. 선조의 적장자는 영창대군이었다. 그런데 임진왜란의 영향으로 나라가 위기에 처하자 선조는 신하들의 주청으로 공빈 김씨 소생의 서자로서 차남인 광해군을 세자로 책봉했다.

하지만 임진왜란이 끝나고 선조가 영창대군에게 보위를 물려주려 하는 바람에 광해군은 고난의 세월을 견뎌야 했다. 그는 나중에 왕에서 축출되어 군으로 전락했지만 한때는 실제 왕이었기 때문에 왕으로 분류한다.

영조는 무수리의 소생이라는 신분상의 콤플렉스를 극복하고 당쟁에 휘말려 몇 번이나 위기를 겪는 고난을 묵묵히 견뎌 왕위에 올랐다. 그가 왕위에 오를 당시 극심한 당쟁과 더불어 그를 반대하는 자들의 불만도 매우 심했다.

"궁녀가 부리던 천한 종의 몸에서 생긴 사생아가 지존한 왕위에 오르다니, 이런 해괴한 왕실 모욕이 어디 있느냐. 민가의 양반집에선 상상도 못할 패륜의 불상사인데, 왕실이라고 해서 용인될 수가 있느냐. 그것도 어엿한 왕족의 잘난 자제가 많은데……."

신하들은 은밀하게 불만을 토로했으며 영조 4년에는 급기야 역모가 일어나기도 했다. 그러나 영조는 그런 상황 속에서도 중심을 흩트리지 않고 자신을 추슬러 마침내 역경을 이겨냈다.

정조 역시 아버지 사도세자의 죽음을 지켜보았고 왕세손으로 후에 왕으로 즉위할 때 엄청난 반대를 극복한 그 이면에는 남모르는 눈물과 학업에 열중하는 힘이 작용했다. 왕자 시절 그의 날카로운 질문에 시강관조차 제대로 답변을 하지 못한 유명한 일화가 있다.

"밝은 명(明命)이 내 몸 안에 있다는 것이 과연 어떠한 경지를 가리키는 것이며, 그것이 혁연(赫然)해지려면 무슨 공부를 어떻게 하면 되는 것입니까?"

시강관이 대답을 하지 못했고 주변에서 구경하던 이들은 그 총명함에 감탄했다.

이와 같이 힘든 과정을 이겨낸 왕들이 천재적인 국정 수행능력을 보였던 것이다.

적장자로서 왕위에 오른 천재적인 왕은 문종이 유일했다. 그러나 그 역시 뛰어난 아버지 세종의 빛을 더해주는 세자의 역할을 하는 오랜 기간을 견뎌야 했다. 세종은 세자인 문종에게 일찍 섭정을 하도록 하여 많은 업무를 보도록 하였다.

이처럼 7명의 왕들이 천재 교육 과정에서 겪은 특수한 시련과 고난들을 극복하는 강인한 의지는 그들의 피와 살이 되었다. 고난을 극복하고 강한 의지로 어려움을 이겨내는 과정이 매우 중요한 교육이었던 것이다.

환경이 천재 교육에
미치는 영향

환경이 인성과 재능을 지배하는 일면은 예나 지금이나 같다. 그러나 환경적 영향은 좋고 나쁜 것으로 구분되는 것이 아니다. 주어진 조건을 어떻게 받아들이고 그 속에서 얼마나 좋은 자양분을 흡수하느냐가 중요하다. 그런 점에서 왕자들의 천재 교육에서 환경의 영향을 분석해보면 매우 개연성이 높은 공통점이 있다.

천재적인 왕자들의 교육에는 반드시 천재성을 개발해주는 환경적 요인이 있었다.

타고난 천재가 아니라, 후천적으로 천재로 교육되어지는 환경적 조건이 있었다. 천재 교육에 성공한 7명의 왕들을 분석해보면 한결같이 환경적 요인이 있었음을 발견할 수 있다.

《조선왕조실록》을 보면 태종은 막강한 힘으로 왕권을 강화하는 한편, 후계자 교육에 지대한 정성을 쏟았다. 자신이 애써 일으켜 세운 왕권 중심의 정치력을 후손들에게 열어주기 위해서는 후계자 교육이 절실했던 것이다. 조선 시대의 왕자 교육은 태종 때부터 이루어졌고 그 첫 작품이 세종인 셈이다. 태종은 애초에는 적장자인 세자 양녕대군의 교육에 엄청난 열정을 쏟았다. 그러나 계속되는 세자 양녕의 탈선과 나태로 인해 일찌감치 세종을 눈여겨보며 각별한 애정을 보였다. 예를 들면, 실록에 태종이 충녕대군(세종)의 총명함을 기뻐한 대목이 나온다.

태종이 충녕대군을 보며 말했다.

"집에 있는 사람이 비를 만나면 반드시 길 떠난 사람의 노고를 생각할 것이다."

충녕대군이 그 말을 듣고 말했다.

"《시경(詩經)》에 이르기를, '황새가 언덕에서 우니, 부인이 집에서 탄식한다'고 하였사옵니다."

태종이 기뻐하며 말했다.

"세자(世子, 양녕대군)보다 훨씬 뛰어나구나."

그 일이 있은 후 태종이 세자 양녕대군과 사람의 문무(文武)와 됨됨이에 대해 논할 때, 세자가 충녕대군(세종)을 이르며 말했다.

"충녕은 용맹하지 못하옵니다."

그 말을 듣고 태종이 말했다.

"비록 용맹하지 못한 듯하나, 큰일에 임하여 대의(大疑)를 결단하는 데에는 당세에 더불어 견줄 사람이 없느니라."

이 구절로 미루어볼 때, 태종은 일찍이 세종의 식견과 능력을 간파하고 있었음을 알 수 있다. 태종이 대신회의를 열어 세종을 왕세자로 책봉한 것을 보면 그러한 사실을 뒷받침해주고 있다. 세종은 아버지 태종의 배려와 깊은 사랑을 통해 더욱 학문에 정진할 수 있었고 천재적인 능력을 개발할 수 있었던 것이다.

세종의 대를 이은 문종은 적장자이면서도 가장 착실하게 왕자 교육과 천재 교육을 골고루 받은 경우이다. 그는 뛰어난 아버지 세종에게서 많은 것을 보고 듣고 느끼고 배웠다. 문종에게 있어 세종은 아버지이자 누구보다도 뛰어난 스승이었다. 《조선왕조실록》에 보면 세종은 세자 문종에게 시강하는 예에 대해 이렇게 말한다.

"매일 주강에 좌필선 정인지와 우문학 최만리가 번갈아 시강하게 하여 고금의 유익한 말과 착한 정치를 진술하기도 하고, 민간의 일을 말하기도 하며 한결같이 이수가 시강할 때의 예에 의거하도록 하라. 세자의 행동거지도 모두 편의한 대로 따르게 하고 저녁에 이르러서야

나가게 하여 이를 일정한 규칙으로 삼게 하라."

세종의 이러한 세심한 교육적 배려와 그의 훌륭한 삶은 문종에게 그대로 귀감이 되어 전해졌던 것이다. 세종의 교육열은 비단 문종에게서 그치지 않았다.

세종의 큰 아들 문종에 이어 둘째 아들 세조에게도 고스란히 전해졌다. 세종은 큰 아들 세자 문종에게 관심과 애정을 쏟는 한편 둘째 아들인 세조에 대해서도 염려하며 부단히 교육적 배려를 했다. 실록에 보면 그의 그러한 심정이 잘 나타나 있다.

"아들 중에 진양대군(세조)만이 효성스럽고 재능이 있으며, 정대하고 질박하므로 참으로 비범성이 있다. 만약 그가 자신의 재주를 과신하고 제멋대로 한다면 누가 규제할 사람이 있겠는가? 재능이 있으면서도 허물을 짓지 않는 것은 어질기 때문이 아니겠는가."

세종은 세조를 비롯해 여러 아들을 성균관에 입학시키거나 종학(宗學)에 보냈으며 집현전 학사에게 맡기거나 자신이 직접 가르치기도 했다. 특히 세종은 활동적이며 남성적이고 적극적인 성격의 세조에게 적합한 여러 가지 배려를 하며 식견과 능력을 발휘하도록 노력했다.

세종의 그런 특별한 교육열은 2명의 천재적 왕을 배출시켰다. 하지만 그의 둘째 아들인 세조가 그토록 귀여워했던 손자 단종을 몰아내고 피의 숙청을 감행한 것은 역사의 아이러니가 아닐 수 없다.

그 밖에 천재적 왕인 성종, 광해군, 영조, 정조의 경우에도 환경적 요인이 크게 작용했다.

성종은 할아버지 세조의 극진한 사랑으로 천재적 왕자 교육을 받았고 13세에 소년 왕에 즉위해서도 할머니 정희왕후, 장인 한명회의 보호와 배려를 통해 제왕의 교육을 받고 천재적 왕이 되었다.

광해군은 서출이었다. 적장자가 아니어서 왕의 후계 구도에서 멀었지만 최선을 다했다. 그는 왕자 시절, 임진왜란 당시 선조가 의주로 피난하는 바람에 그를 대리하여 임시로 국사를 맡아보는 권한을 위임받고 훌륭히 임무를 수행했다. 또한 그는 왕자 교육을 열심히 받았고 국란의 위기라는 환경적 조건을 슬기롭게 극복하는 과정에서 천재적 왕이 될 수 있었다.

조선 후기의 정치적·경제적 르네상스 시대를 연 영조는 처절한 당쟁의 소용돌이의 극악한 환경적 조건을 극복하며 천재적 왕이 되었으며, 정조는 영조의 극진한 사랑과 교육에 힘입어 천재적 왕이 되었다. 영조는 손자 정조에게 극진한 사랑을 쏟으며 후계자 교육을 시켰다. 그의 그러한 정성은 《조선왕조실록》에서 찾아볼 수 있다. 영조가 신하들에게 손자 정조에 대한 애정을 표현한 대목이 있다.

"세손(정조)은 평소에 나를 아주 깊게 따르고 존경하였다. 내가 늘 말하기를, '너는 할아버지의 잘한 일을 마땅히 본받고 좋지 않은 것은 마땅히 본받지 않아야 한다'고 하면 세손(정조)은 '예, 알겠사옵니다' 하고 올바르게 대답한다. 또 항상 강독(왕자의 교육)을 자기의 일로 삼 았으니, 이는 매우 기쁜 일이라 하겠다."

영조는 왕손에게 별도의 사부를 두지 않던 오랜 관례를 바꾸어가 면서 정조를 교육시키는 특별한 관심을 지녔다.

왕자 교육에서 폭군이나 천재 교육에 실패한 왕들을 살펴보면 묘 한 공통점이 있다.

연산군, 중종, 명종으로 그들은 왕자 시절에 아버지(왕)로 인한 불 우한 가정환경을 거쳤다는 점이다.

성종은 복잡한 여성 편력으로 연산군의 어머니인 폐비 윤씨에게 사약을 내림으로써 장남 연산군이 성격적으로 비뚤어지게 했다. 또 성종의 차남 중종은 그의 어머니 정현왕후가 폐비 윤씨의 축출에 깊 이 관여했고, 아버지의 문란한 사생활에 영향을 받고 제대로 왕자 교 육을 받지 않았으며 인성적인 문제점도 있어 재위 기간 중 많은 실정 을 했다.

그리고 명종은 12세에 소년 왕으로 등극했는데도, 어머니 문정왕 후가 섭정을 하며 권력만 휘둘렀을 뿐 제대로 된 제왕 교육을 시키지 않았다. 그녀 스스로가 '조선의 여왕'이라 불릴 정도의 권력을 지녔음으로 아들 명종이 총명해지는 것을 원치 않았다. 또한 8년 섭정이 끝난 후에도 명종을 휘어잡고 자신의 뜻대로 권력을 행사하였으므로 명종은 허수아비 왕으로서 제대로 뜻을 펴지 못했다.

천재 교육에 실패한 왕들에게 환경적 조건은 가혹한 일면이 있었다.

따라서 천재 교육에 성공한 왕과 실패한 왕들의 환경에는 어느 정도의 필연적 조건이 있었다. 그러나 중요한 것은 그들의 성패를 가름한 것은 시련과 고난을 극복하려는 본인의 강한 의지였다.

이러한 점들로 미루어볼 때, 천재적 왕들과 환경적 조건의 관계는 중요한 개연성이 있음을 알 수 있다. 시련과 고난을 극복하고 주어진 환경 속에서 최대한 노력한 왕자들만이 천재 교육에서 성공을 거두었음을 분명히 알 수 있는 것이다.

왕처럼 키워라

· 3 장 ·

천재 교육으로
성공한 왕

창조력과 예술적 감성이 조화된 르네상스형 천재,

세종

조선 시대 최고의 성군이자 뛰어난 왕인 세종을 모르는 사람은 없을 것이다.

훈민정음 창제를 비롯해《농사직설》등의 실용 서적과 역사, 법률, 지리, 문학, 유교, 어학 등의 당양한 분야에서 이룩한 성과는 획기적인 것이다. 그는 창조력이 뛰어났으며 예술적 감성 또한 풍부해 현대의 개념으로 보면 전뇌적 천재였다.

또한 세종은 인간 경영에서의 리더십도 탁월한 천재였다. 그는 뛰어난 신하들과 학자들로 하여금 그를 보필하게 하여 빛나는 유산과 업적을 남겼다. 그가 성군이라고 평가하는 데는 그 누구도 이의를 제기할 수 없을 것이다.

세종은 유교와 유교 정치를 실현하고 뛰어난 정치적 경륜, 다양하고 깊은 학문적 성취와 탐구력, 역사와 문화에 대한 통찰력과 판단력 그리고 중국 문화에 물들지 않는 주체성과 독창성, 의지를 관철시키는 추진력과 신념이 철저했다. 백성과 신하를 염려하는 마음으로 쌓은 세종의 경륜은 정치·경제·사회·문화·학문적 업적을 일구어낸 원동력이 되었다. 그는 뛰어난 능력을 개발하고 뛰어난 인성과 넓은 덕성을 바탕으로 조선의 역사적·문화적·정치적 기틀을 닦아놓았다.

그의 이러한 전인적 능력은 과연 천부적인 것이었을까? 절대로 아니다.

그는 조선 초기 왕자 교육의 1세대로서 태종의 다양한 왕자 교육 프로그램의 혜택을 받았다. 태종은 조선 시대 왕자 교육을 최초로 실행한 왕으로 자신의 세 아들, 양녕, 효령, 충녕에 대해 교육열을 불태웠다. 그는 수차례 대신회의를 열어 왕자 교육의 방향을 정하고 왕자들의 교육에 심혈을 기울였다. 셋째 아들 세종에게도 예외가 없었다. 뛰어난 스승 이수와 태종이 이룩한 탄탄한 왕권과 정치적으로 안정된 기틀은 세종으로 하여금 화려한 시대를 열게 한 바탕이 되었던 것이다.

짧은 재위 기간 동안 많은 치적을 쌓은 천재,

문종

문종은 아버지 세종의 빛에 가려 역사적인 평가로는 크게 부각되지 않았다.

그는 세종 즉위 3년에 왕세자에 책봉되어 무려 29년간 왕세자로 머물렀는데, 그중 8년 동안은 세종 대신 섭정을 했다는 사실은 모르는 이가 많을 것이다.

세종은 지병인 당뇨병으로 건강이 심각하게 좋지 않았기 때문에 그의 아들 문종에게 섭정을 맡겼다. 세종은 신하들의 거센 반대에도 세자 문종에게 서무 결재권을 넘겼고 섭정 체제를 구축했다.

그리하여 문종은 섭정 8년 동안 세종 시대의 후반기를 빛냈고 여러 가지 치적을 남겼는데, 세종 후반기의 정치적 치적은 그의 업적이

천재 교육으로 성공한 왕

라고 해도 과언이 아니다.

세자 시절 섭정을 맡았던 문종은 막상 왕으로 등극하자 과중한 업무로 인해 건강이 악화되어 재위 기간이 2년 3개월로 대단히 짧았다. 그러나 짧은 재위 기간에도 많은 치적을 쌓았다. 그는 왕자 교육을 받던 어린 시절부터 학문에 심취해 학자를 가까이했고 측우기 제작에 직접 참여할 정도로 천문, 역수, 산술, 서예에 능했으며 인품이 뛰어났다.

그는 짧은 재위 기간 중에도 언론을 활성화하는 등의 관대한 정책을 통치방향으로 설정하고 《동국병감》, 《고려사》, 《고려사절요》, 《대학연의주석》 등을 편찬하게 했다.

또한 즉위 초부터 군제 개혁안을 마련해 총 12사로 분리돼 있던 군제를 5사로 집약시켰고, 군제상의 세세한 부분들을 개선하고 보완했다. 문종은 이렇듯 강유의 정책을 잘 곁들였으나 건강악화로 39세의 일기로 세상을 떠났다.

그는 비록 2년 3개월이라는 짧은 기간 동안 재위했지만 세자시절 아버지 세종 시대 8년 동안 섭정으로 직접 실무를 담당한 것을 감안하면 많은 치적을 남긴 것으로 볼 수 있다. 그래서 재위 기간이 4년 미만임에도 천재적 왕으로 분류했다.

문종을 천재 교육을 받은 왕자로 평가하는 데 이의를 제기할 사람은 없을 것이다. 세종이 왕자 교육에 심혈을 기울인 데다 실질적인

제왕 교육인 섭정까지 맡김으로써 천재적인 왕으로 만들어진 것은
의심할 바가 없기 때문이다.

천재 교육으로 성공한 왕

개혁으로 정치 풍토를 쇄신하고 안정을 도모한,

세조

세조에 대한 후세의 평가는 그리 곱지 않다. 조카인 단종을 몰아내고 정국을 전복하여 왕위를 찬탈했다는 세조 시대의 태생적 한계 때문이다. 그렇지만 그는 관제를 활발하게 개편하고 관리들의 기강 확립을 통해 중앙집권제 체계를 세웠고, 민생 안정책과 유화적인 외교 활동을 통해 경제와 사회적 발전을 가속하는 등의 개혁과 안정의 통치력을 보였다.

그 점은 묘하게도 오늘날 우리 사회가 안고 있는 문제점과 통한다. 개혁과 안정을 위한 정치 개혁, 입법, 경제, 사회적 안정 등은 신문 일면에 나옴직한 익숙한 단어들이다. 현재 우리나라는 그러한 문제점들을 시원하게 해결하고 있지 못한 듯하다. 그러나 세조는 강한 신념으로 그러한 활동들을 이루어냈다.

그 과정에서 세조는 정치운영에서 무단강권 정치를 구현하고 측근 중심의 인사로 일관해서 병폐가 심각했다는 평가를 받고 있다. 하지만 끊임없는 역모설에 시달리고 외침에 위협받는 시대적 상황으로 인해 그럴 수밖에 없었는지도 모른다.

실제 세조 시대는 지나칠 정도로 왕권을 강화하여 조선 시대 최고의 왕권시대를 구가했고 강권정치로 인해 정국의 경색을 초래하였으며 공신들의 권력남용으로 비리가 누적되기도 했다.

재미있게도 이 점도 과거 우리나라 정치사의 일면과 맥락을 같이한다.

어쨌든 그는 문종시대 비대해졌던 신권을 억누르고 강한 신념으로 목표를 성취해내 그의 시대를 성공적으로 이끌었다.

그는 유교적 평가기준과는 별개로 천재적인 왕으로 분류할 수 있다. 세종의 둘째 아들로서 누구보다 성실하게 왕자 교육을 받았으며 천재적으로 개혁과 안정을 이루었다는 점에서 별도의 높은 점수를 줄 수 있는 것이다.

한 시대를 이끌어가는 천재 혹은 천재적 왕을 보는 관점은 도덕성이나 인간적 면모를 중심으로 하는 것이 아니라 빛나는 업적이나 작품, 활동 등으로 평가해야 한다.

그러한 점에서 세조의 개혁과 안정은 대단한 것으로 볼 수 있다.

대다수가 개혁과 안정을 바라고 있는 지금 같은 민주주의 시대에
도 힘든 그 일을 폐쇄적 유교 사상을 통치 이념으로 삼았던 조선 시
대 초기에 이룩한 것은 매우 고무적인 일이며 천재적인 능력이라고
할 수 있다.

평화로운 시대를 구가한 천재,

성종

성종은 13세에 소년 왕으로 등극하여 성공적인 치세를 이룬 천재성을 가진 인물이다.

당시 예종의 아들 제안군이 엄연히 존재했고 세조의 장손이며 16세였던 월산군이 있었음에도 할머니 정희왕후와 장인 한명회의 정치적 결탁으로 왕위에 올랐다.

그러나 그러한 결과는 단순한 정치적 목적에 의한 것만은 아니었다. 어린 시절 성종의 대범성과 왕자 교육을 받을 때 보여준 능력이 인정되었기 때문이었다. 조카 단종을 몰아내고 왕위에 오른 세조의 비였던 정희왕후로서는 왕위를 찬탈한 경험에 비추어 또 다른 왕위 찬탈을 두려워했다. 그래서 혈육의 정보다는 뛰어난 왕자를 선택한 것이었다.

실제 성종은 소년 왕으로 즉위하였음에도 빠르게 경륜을 쌓았고 치세에 능력을 보였다.

그의 나이 20세에 정희왕후가 7년 만에 섭정을 끝내자, 정치적·경제적으로 활발한 정책을 펼쳤다. 권신을 견제하기 위해 사림세력을 끌어들여 권력의 조화와 균형을 도모하고 유교 사상을 정착시켜 왕도정치를 실현해나갔다.

성종은 성리학에 심취한 왕으로도 유명하다. 도학에 조예가 깊었으며 경연을 통하여 학자들과 자주 토론하고 학문과 교육을 장려했다. 그는 심지어 경학이나 강의만 잘해도 관리로 등용하거나 자신의 벗으로 삼기도 했다. 또 평복을 입고 민생시찰을 열심히 하여 민생고를 이해하고 해결해주려는 노력도 게을리 하지 않았다.

이러한 천재적 능력과 노력으로 성종은 고려로부터 조선 초까지 100여 년간에 걸쳐 반포된 여러 법전, 교지, 조례, 관제 등을 총망라한 《경국대전》을 완성했으며 각종 문화 서적들을 편찬해서 민간 생활의 질을 높였다.

또한 학문적으로는 성리학자들을 정계로 진출시켜 학문과 정치를 일맥상통하게 했으며 유교 사상을 민간에 심어 교화에 성공했다. 그리고 변방의 야인을 토벌하여 국가의 안정을 이룩했으며 남방의 왜구들을 외교적으로 관리하며 지배했다.

이 같은 뛰어난 업적과 경륜은 그 시대의 정치적 안정과 태평성대를 열게 했다.

그 결과, 그는 모든 기초를 완성했다는 뜻의 이룰 성(成) 자가 든 성종(成宗)이라는 묘호를 얻을 만큼 정치적 안정과 평화로운 시대를 구가했다.

왕자 교육의 관점에서 성종은 비록 소년 왕이지만 누구보다 영향을 많이 받은 왕이었다.

정통적인 왕자 교육이 유교 중심의 성리학이었는데, 그는 성리학에 심취했고 경학이나 강의에 잘 적응하여 천재적인 왕으로 성장했던 것이다.

탁월한 실리 외교와 과감한 현실 정치를 펼친 천재,

광해군

광해군에 대한 평가는 상당 부분 엇갈려 있다. 폭군으로 부각된 점과 뛰어난 실리 외교와 과감한 현실 정치를 펼친 두 가지의 면이 나타나기 때문이다. 그러나 왕자 교육은 역사적 관점과 관계없기 때문에 냉철하게 천재성만을 두고 그의 능력과 치적을 평가해보려 한다.

그가 당쟁의 핵폭풍에 휘말려 폐위된 비운의 왕이고 명분론에 입각한 서인들의 반정 음모를 미연에 방지하지 못해 일어난 비극으로 인해 폭군으로 기록된 것은 중요하지 않다. 국가적 관점에서 볼 때, 그는 역사에 밝았고 대단한 경륜을 발휘한 왕이었다는 점이 중요하다.

그는 왕으로 즉위하자마자 우선 조정의 기풍을 바로잡았고 임진왜란으로 파탄 지경에 이른 국가재정을 회복하는 데 전력을 기울였다. 인재 중심의 인사정책을 펴고 전란 중에 타버린 궁궐을 창건하거나 개수하여 왕실의 위엄을 살리는 한편, 대동법을 실행하여 민생을 구제하려고 노력했다.

또한 그 당시 동북아의 급변하는 국제 정세에서도 광해군은 뛰어난 실리 외교를 펼쳤다.

만주에서 여진족이 후금을 건국하자 그에 대비해 국방을 강화하는 한편, 명나라의 원병 요청에도 따라 강홍립에게 1만 군사를 주어 응전하게 했다. 그러나 명나라가 후금에 패하자 적당하게 싸우는 체하다가 후금에 투항해 누루하치와 화의를 맺도록 하는 능란한 양면 외교솜씨를 보였다. 강홍립의 투항은 광해군의 외교적 책략이었다.

명나라에 대해서는 겉으로만 협력하는 체하면서 꼬투리를 잡히지 않았으며 후금에 대해서는 명의 강요에 의해서 출병했을 뿐이라고 그들을 설득해서 우호를 다지는 등거리 실리 외교를 펼친 것이었다. 그러한 실리 외교정책으로 후금의 대대적인 침략을 예방하고 일본에 대해서도 외교를 재개, 일본과의 관계를 개선하여 전쟁의 위협으로부터 벗어났다.

그는 밖으로는 철저한 실리 외교를 펼치고 안으로는 왕권체제의 부국강병을 모색했다. 문화적으로는 전란으로 인해 손실된 서적 간행에 박차를 가했다. 이러한 실리적이고 과단성 있는 정치가 인조반정으로 중단된 점은 애석한 일이 아닐 수 없다.

그의 실리적 외교 노선이나 현실 정치 감각도 오늘날의 국내외 정세와 맞물려 생각해볼 때 매우 상징적인 의미를 가지며, 역사적인 교훈을 얻을 수 있다.

왕자 교육의 관점에서 광해군은 나름대로 높이 평가할 만한 점이 있다. 그는 34세에 왕으로 등극하기 전까지 오랜 왕자생활 동안 왕자 교육에서의 필수 교재인 역사서를 깊이 공부했다. 또한 임진왜란 중에 선조를 대신하여 실무를 보는 과정을 거치며 천재성을 개발하여 뛰어난 왕이 되었던 것이다.

왕처럼 키워라

뛰어난 경제 감각과 승부사적 기질의 천재,

영조

조선 영·정조의 르네상스 시대를 연 영조는 가히 천재적 인물이었다. 탕평책으로 왕권을 강화하며 국가 전례를 정비하고 경제를 개혁하는 데 많은 힘을 기울였다.

그는 임진왜란 이후 피폐해질 대로 피폐해진 조선의 경제를 회생시키기 위해 국가적 시책을 펼치는 등 정성을 다했다. 그의 탁월한 경제 감각과 천재적인 국정 운영은 셀 수 없이 많으며 치적 또한 무수히 많다.

대표적인 것으로 균역법을 실시해 백성들의 과도한 부담을 덜어주었는데, 그것은 매우 주목할 만한 정책이었다.

양민들이 국방의 의무를 대신해 나라에 세금으로 내던 포목을

2필에서 1필로 줄이는 것을 골자로 했기 때문에 일반 양민들의 의무인 양역의 불균형에 따른 백성들의 군역 부담을 현저히 감소시켜 주었다.

그리고 당시로서는 매우 민주적인 법으로, 어머니가 천민인 경우에만 노비가 되게 하는 종모법을 실시하여 많은 노비들을 평민으로 해방시켰다. 당시의 유교적 관념이 팽배한 사회적 분위기로 볼 때, 우리나라의 노예해방이라 할 만한 것이었다.

그 밖에 인권을 보호하는 법률로 무릎 위에 맷돌을 얹어 뼈를 으스러뜨리는 압슬형을 폐지했고 사형수에 대해서 초심, 재심, 삼심을 거치게 하는 삼복법을 엄격히 시행하도록 했다.

또 사가에서 형벌을 가하는 것을 금지시켰고 판결을 거치지 않고 죽이는 남형, 얼굴에 칼로 문신을 새기는 경자 등의 가혹한 형벌도 금지했다.

영조의 민주적인 정치는 그 밖에도 많다. 신문고 제도를 부활시켜 백성의 억울한 일을 왕에게 직접 알리게 했으며 그 유명한 암행어사 제도를 활성화해서 박문수 같은 청백리가 관리들의 부정부패를 척결하게 했다.

그는 학문을 좋아하는 군주로서 《해동지도》, 《속오례의》, 《속대전》, 《동국문헌비고》와 같은 책들을 편찬했으며, 많은 저술과 서예작품을 남겼다.

또한 그는 《대학》의 서문을 직접 짓기도 했고 심지어 경연에 대신들을 불러놓고 직접 강의를 하기도 했다. 스승으로서의 군왕이라는 이상적인 군사(君師)를 몸소 실천하려고 했던 것이다.

그렇기 때문에 그의 왕자 교육에 대한 열의는 남달랐다. 세종, 성종에 이어 매우 특별한 열정과 사랑으로 세자를 가르쳤으며 세손 정조를 직접 가르쳤다는 기록은 《조선왕조실록》에 수차례 나와 있다. 세종의 뜨거운 교육열로 인해 문종과 세조 때 치세가 가능했으며 영조의 뜨거운 교육열로 인해 정조의 시대가 열린 것은 결코 우연한 일이 아니다. 왕자들의 교육이 마침내 천재 교육으로 완성되어 나타난 결과인 것이다.

문예 부흥과 실학을 융성시킨 중용의 천재,

정조

정조는 조선 시대 왕들 중에서 최고의 학문 수준을 자랑하던 천재였다. 그는 학문뿐만 아니라 정치, 경제, 사회, 문화 각 방면의 통치에도 뛰어난 식견과 능력을 발휘했다.

정조는 즉위하자마자 규장각을 설치하여 문화정치를 표방했는데, 규장각은 단순한 왕실도서관이 아니었다. 그가 외척과 환관들의 역모와 횡포를 누르고 인재를 모아 새로운 혁신정치를 펼치기에 적합한 근위 세력을 확장하거나 양성하는 곳이었다.

이후 그는 규장각 중심의 정치를 실행했다. 영조의 탕평책을 계승했고 임진자, 정유자, 한구자, 생생자, 정리자, 춘추관자 등의 새로운 활자들을 만들었으며 문물제도 정비 작업도 완료했다. 또한 인재

왕처럼 키워라

를 능력 중심으로 선발하면서 외부의 간섭을 받지 않게 된 규장각에서는 실학자들을 끌어 모아 여러 가지 개혁을 도모했다. 그 결과 민의 통치로 백성들을 통합하였으며 정치 개혁에 이어 경제와 사회 개혁 작업을 원활히 할 수 있었다.

또한 부분적인 신분제 해체에 따른 제도 개선으로 서출 출신을 벼슬길에 오르게 했으며 노비추쇄법(노비가 도망가면 다시 잡아올 수 있게 규정한 법률)을 폐지하였고 신해통공(육의전을 제외한 시전상인들이 가진 특권을 폐지하는 법률)을 시행하여 자유경쟁 시장의 문을 열어주었다.

그러한 개혁들은 상당히 실효를 거두었다.

정조는 문화정치로서의 화려한 치적뿐만 아니라 당대의 학자들과 견주어 손색이 없거나 오히려 그들보다 더 상당한 수준의 학문을 갖춘 대학자로서의 면모도 대단했다.

학자로서의 면모를 드러내는 정조의 정책과 저작, 편찬사업을 보면 그가 왕이었는지 학자였는지 구분이 안 될 정도로 방대하다.

그가 평생 동안 편찬한 책은 2500권이며 그가 내린 지침에 따라 신하들이 편찬한 책은 1500권에 이른다. 동서고금에서 유례를 찾기 힘들 만큼 많은 저작을 남긴 정조의 저력은 왕자 교육의 화려한 결실로 볼 수 있다.

그의 개인 문집만 보아도 왕자 교육의 화려한 결실을 짐작할 수 있다. 그의 개인 문집인 《홍재전서》는 총 분량이 184권인데 학문이나 문장으로 명성을 날린 선비도 문집을 20~30권 정도 남기는 것에 비하면 상당한 분량이다.

그러한 면모는 정조가 세손시절부터 엄청난 학구열로 왕자 교육을 받았기 때문에 가능했다. 정조는 《효경》, 《소학》, 《논어》, 《맹자》, 《시경》 등의 교재를 철저하게 탐독하면서 학문을 쌓았다. 또한 교육을 받을 때는 매일 담당 교수들과 열띤 토론을 벌이며 성리학의 논쟁점에 대해서도 깊고도 넓은 식견을 갖추어나갔다.

특히 정조가 왕위 계승자로 확정된 이후 15년 동안 천재 교육은 대단한 영향력을 미쳤다. 그는 스스로도 학문 습득에 많은 시간을 할애했다. 경학과 주자학을 비롯한 다양하며 방대한 분량의 독서와 저술활동으로 인해, 그는 25세의 나이로 왕이 되었을 때 이미 신하들을 가르칠 만큼 높은 학문의 수준을 견지하고 있었다.

이러한 정조의 학자적 소양에서 기인하는 문화정책 추진은 그 당시 선진문화 도입으로 인한 영향과 더불어 조선 후기의 문화적 황금시대를 이루는 바탕이 되었다.

정조는 왕자 교육의 관점에서 보면 매우 성공적인 경우라고 할 수 있다. 타고난 재능도 있었겠지만 왕자 교육이 후천적으로 아름답게 다듬어져 결실을 맺었다고 할 수 있을 것이다.

조선 시대 왕자의 외국어 교육

왕자 교육과 외국어

외국어는 어느 시대를 막론하고 중요하게 다루어졌다.

조선 시대도 예외는 아니었다. 반도국이라는 지정학적 위치로 인해 북으로는 대국(중국)과 여진, 몽골 등의 소수민족이 있었고, 남으로는 왜국(일본)이 자리하고 있었기 때문에 외국어를 공부할 필요성이 있었다.

외교정책의 기본 틀이 중국에 사대하고 주변국과 친화한다는 것이었으므로 외국어에 많은 관심과 노력을 기울였다. 국가 운영상의 정책으로 외국어 교육이 강력하게 시행되었던 것이다.

그러한 외교정책의 방향은 왕자 교육에서도 반영되었다. 세 살 때부터 한자를 배우고 익힌 왕자들에게 중국어는 친근한 언어였다.

외국어에 특히 관심이 많았던 왕자로 세종과 성종을 들 수 있다.

특히 세종은 어릴 때부터 중국에 관심이 많았는데 단순한 호기심으로 그치지 않고 적극적으로 중국어를 공부했다.

세종은 중국과 관련된 서책을 직접 찾아 읽었으며 깊이 이해하고자 했다. 또한 중국인의 관점에서 쓴 고려국 방문기에 대한 기록인《고려도경》과 조선의 역사 기록서들을 찾아서 읽었다.

왕자 교육에서 외국어는 왕자가 장차 왕이 되었을 때, 외교정책의 틀과 긴밀한 관계가 있었기 때문에 중요한 학습과정으로 다루어졌다. 실제 세종과 성종이 왕자 시절에 기울였던 외국어 학습은 그들이 왕이 된 후에 긴요하게 사용되었다.

외국어를 직접 배운 세종과 성종

세종과 성종은 친히 중국어를 배웠다.

왕자 시절부터 중국어를 배웠으니 그들의 외국어에 대한 관심은 남달랐다고 볼 수 있다.

왕위에 올라 외국의 사신을 접견할 때 통역을 중간에 두고 이야기를 전해 들으면 자칫 그들의 생각과 의도를 곡해할 수 있기 때문에 중국어를 더욱 열심히 공부했던 것이다. 세종의 경우 왕자 시절 배운 중국어가 왕위에 올라 사신을 접견할 때 유용하게 사용되었다. 또한 세종은 중국어를 직접 구사함으로써 중국 사신에게 훨씬 친근감을 주었으며 유용한 정보를 더 구체적으로 물어볼 수 있었다.

세종이 왕위에 오른 뒤 첫 사신을 맞이할 때, 중국어로 인사를 건네 일행을 깜짝 놀라게 한 일화가 있다.

중국의 사신이 조선의 왕이라고 깔보는 듯한 태도로 거드름을 피우며 나타났을 때, 세종은 환하게 웃으며 그들을 맞이한 후 중국어로 인사말을 건넸다.

"닌더 황띠 하오마."

'그대들 나라의 황제는 잘 있느냐'라는 뜻의 중국어를 정확한 발음으로 말했던 것이다. 그러자 중국 사신은 그 정확한 발음에 깜짝 놀라며 황급히 고개를 숙였다고 한다.

그러한 과정을 통해 세종은 그들이 전하고자 하는 말의 참뜻을 헤아렸고 훌륭하게 외교정책을 펼 수 있었다.

성종도 마찬가지였다. 성종은 왕자 시절부터 오랫동안 중국어를 공부했다. 또한 왕위에 올라서도 중국어를 열심히 배웠다. 그러나 신하들은 성종의 중국어 공부를 탐탁지 않게 여겼다. 가까이서 지켜보던 대신들은 감히 반대를 하지 못했는데, 이를 보다못한 대신이 우회적으로 간언을 하는 기록이 《조선왕조실록》에 나온다.

천재 교육으로 성공한 왕

이극돈 근래 전하께서 이문(吏文, 중국과 주고받는 외교문서에 쓰이던 서체)과 중국어를 공부하시는 것으로 아옵니다. 한데 이문을 통해서는 중국의 정사를 알 수는 있지만 그것을 정확히 이해하는 사람은 많지 않습니다. 또한 전하가 좋아하시면 누가 즐겨 배우지 않을 수 있겠습니까만 중국어 공부 때문에 행여 복잡한 정무에 지장이 있을까 두렵사옵니다.

성종 나는 지장이 있다고 생각하지 않는다.

이극돈 전하께서 관심을 기울여야 할 곳은 백성들에 관한 일이옵니다. 그런데 중국어는 기예이기 때문에 정무에 해가 될까 두렵습니다.

성종 내가 친히 중국어를 하려는 것이 아니라 통사들이 말을 전할 때, 착오가 일어나는 것이 많아서 보는 것뿐이다. 내가 중국어 공부를 한 지 오래됐는데, 이 같은 기예가 옳지 않다고 말하는 자가 여태껏 왜 없었는가?

왕자들의 외국어에 대한 관심은 성군으로 불리는 세종이나 성종 같은 훌륭한 왕들의 실록에서 충분히 엿볼 수 있다. 조선 시대에도 외교정책상으로나 해외무역이 있었기 때문에 외국어는 반드시 필요했던 것이다.

한자 공부와 중국어 교재

왕자들은 어릴 때부터 한자 공부를 했기 때문에 중국어를 배우기 쉬웠다.

교재가 대부분 한자였으니, 이를 중국의 음으로 읽어주기만 하면 언어는 통했다. 그러나 정규 과목으로 정해진 것은 아니었다. 중국어를 공부하려면 어학 교재로서 《노걸대(老乞大)》, 《박통사(朴通事)》, 《직해소학(直解小學)》 등을 독학하거나 개인 지도를 받았다.

조선 시대 초기에는 중국어를 공부하는 학도들에게 가장 인기 있는 교재가 《노걸대》, 《박통사》였다. 지금 시대로 말하면 베스트셀러 어학 교재였다.

노걸대는 '참된 중국인'이란 뜻으로 고려 상인이 사업차 압록강을 건너 베이징까지 가는 길과 산둥지방 여행 과정에서 경험한 에피소드를 중국인과의 대화체로 서술한 책이다.

이를테면 여행자에게 필요한 중국어 표현이나 일반 지식들이 대화체로 담겨 있는 일종의 여행 가이드북이었다. 그 책 속에는 여관 정하는 법, 음식을 주문하는 방법, 말먹이 구하는 법, 시장에서 거래를 잘하는 법 등이 주로 수록되어 있었다.

당시로서는 무역을 하는 사람에게 매우 요긴한 내용이었기 때문에 몽골어, 일본어로도 번역된 세계적인 어학 교재였던 셈이다.

박통사는 의례적인 표현이나 사설체가 다수 포함된 것이 특징이다. 주 내용은 베이징 생활에 필요한 갖가지 지식과 상식을 재미있게 표현한 것이었다. 그러나 이 책 내용 중에는 속된 표현이 많았다. 그러한 점을 보완하고자 귀화한 위구르인 설장수가 우리 실정에 맞는 중국어 교재로서《직해소학》을 편찬했다.

《직해소학》은 우리나라 최초의 외국어 교재로서《소학》을 중국어로 해설한 책으로 내용이 그 당시 조선의 실정에 맞았기 때문에 선풍적인 인기를 끌었다.

그러나 조선 시대 중기에 들어서면서 이 교재들은 단어나 문장이 현실에 맞지 않아 성종 14년에 중국의 갈귀라는 사람에게 자문을 구해서 맞지 않는 부분은 새롭게 보완했다.

중국어에 대한 관심은 역대 왕들에게 지속적으로 이어졌다.《조선왕조실록》에 보면 중국어 및 외국어에 관해서 세종, 성종, 명종, 광해군, 정조에 이르기까지 언급이 된다.

외국어로는 중국어, 여진어(여진족 언어), 청어(청나라 언어), 몽골어, 왜어(일본어), 유구어(오키나와어) 등 주변국의 언어였고 서양언어에는 관심이 없었다.

외국 유학을 장려한 세종

세종은 왕자 시절부터 공부한 중국어를 외교정책에 훌륭하게 사용한 왕이다.

중국에서 사신이 오면 중국어로 친밀하게 대화를 나누며 역관에게 기록할 사항은 알아서 기록하게 해서 나중에 중신들이 회람하라고 일렀다.

역관에게 일임했던 외교적인 문제들도 직접 중국어를 구사함으로써 유리한 고지를 점했던 것이다. 세종은 중국에서 사신이 올 때마다 중국어로 친밀하게 대화를 나누었다. 그러나 모든 대화를 세종이 직접 중국어로 하는 것은 아니었다.

중요한 외교적인 대화에는 역관을 대동했다. 역관이 통역하게 함으로써 생각할 여유를 가질 수 있었다. 사신은 세종이 하는 말을 알아듣지 못하지만 세종은 사신이 하는 말을 빠르고 정확하게 먼저 이해함으로써 외교적인 판단을 빠르고 정확하게 내릴 수 있었다.

이처럼 유익한 점이 많았기 때문에 세종은 외국어를 장려했다. 또한 외국어를 빠르게 습득하는 방법으로 유학이 최선이라며 외국 유학을 적극 장려했다.

《조선왕조실록》에 보면 세종이 대신의 자제들을 중국에 유학 보내 중국어와 이문을 배우도록 한 기록이 있다.

"명 태조 때 유구국(오키나와)이 재상의 자제를 중국에 유학을 보내 황제가 가상하게 여기셨다. 이문(吏文)은 조선 사람이 다 알지 못해도 문자로 통할 수 있다. 하지만 중국에서는 언어로 통해야 하는데, 중국인이 말하는 뜻을 이해하지 못하면서 어떻게 잘 대답할 수 있겠는가. 언어란 털끝만한 차이로도 만사가 어긋날 수 있으니 진실로 염려된다."

그 이후에도 세종은 외국어 습득을 위한 해외 유학을 적극 장려했다. 또한 지금 시대로 말하면 국비유학생과 비슷한 제도로 중국유학생으로 선발된 자들을 사역원에 입학시켜 중국어와 한문을 가르치게 하기도 했다.

세종의 이러한 노력들은 왕자들의 교육에도 많은 영향을 미쳤고 후대의 왕들에게도 귀감이 되었다. 외국어에 대한 후대 왕들의 지속적인 관심과 정책적인 배려는 세종의 왕자 교육에서 유래한 것으로 매우 의미가 있는 것이라 할 수 있다.

왕처럼 키워라

4 장

천재 교육에
실패한 왕

학문을 싫어하고 폭정을 일삼았던

연산군

연산군은 조선 시대 최대의 폭군이었다. 그는 어린 시절부터 학문을 좋아하지 않아 왕자 교육을 등한시하였다. 그랬기 때문에 성장해서도 문장의 이치를 깨닫지 못했으며 문리에 어두워 경륜을 쌓지 못했다.

그와 스승 조자서 간에 있었던 일화는 연산군의 인성을 여실히 드러낸다. 조자서는 성종에게 발탁되어 연산군의 스승이 되었는데, 강직한 성품을 지닌 그는 학문을 싫어하는 연산군과 잦은 마찰을 빚었다.

조자서는 수없이 연산군에게 학문에 임하는 자세를 강조했지만 연산군은 변함이 없었다.

오히려 벽에다 스승 조자서를 '소인배'라며 낙서했다.

그러자 참다못한 조자서가 연산군에게 말했다.

"저하께서 이토록 글 읽기를 싫어하시면 신은 이러한 사실을 전하께 고하겠사옵니다."

그 말은 연산군의 심기를 자극했고 조자서가 죽임을 당하는 화근이 되었다. 연산군이 왕위에 오르자 조자서는 지리산에 들어가 학문에 몰두하고 있었는데 연산군은 스승이었던 그를 가만히 내버려두지 않았다. 갑자사화 때 붙들어서 참수를 시키고 말았다.

당시 연산군은 이미 형장 30대를 맞고 죽어 있는 조자서의 시신을 가리키며 이렇게 명령했다.

"머리를 베어 철문전 앞에 두고, 시체는 군기시 앞에 두라!"

그리고도 분에 겨워 '저가 스스로 높은 체하며 국왕을 능멸했다'는 죄목을 달아놓고 신하들에게 관람하도록 했다.

연산군이 세자가 된 후 사슴과 관련된 일화도 매우 충격적이다. 하루는 성종이 그를 불러놓고 가르침을 주려 할 때 성종의 애완동물인 사슴이 연산군에게 다가와 손과 옷을 핥았다. 그러자 연산군이 화를 내며 성종이 애지중지하는 사슴을 거칠게 발길질했다. 이 광경을 지켜보던 성종이 몹시 분노하여 연산군을 꾸짖었다. 이에 앙심을 품은 연산군은 왕위에 오르자마자 그 사슴을 활로 쏘아 죽여버렸다고 한다.

연산군에 대한 폭정과 실정에 대한 기록은 무척 많다. 재위 12년 동안 무오사화, 갑자사화를 일으켜 엄청난 인명을 살상했으며 의로운 신하는 곁에 두지 않고 간신배만 가까이한 독재적이며 무능력한 군주로 당시 시대를 파국으로 몰고 갔다.

왕자 교육의 관점에서 보자면 그의 그러한 일면들은 생모 폐비 윤 씨의 비참한 죽음이 던져준 정신적 충격이라는 불우한 환경 때문이었다. 또한 제대로 왕자 교육을 받지 않은 태만과 무능력 때문이었다. 게다가 무능한 후계자였음에도 적장자 우선의 왕위 계승을 실행해 역사적 암흑기를 불러일으켰던 것이다.

개혁 정책에 실패하고 정국을 혼란으로 몰아넣었던

중종

중종은 연산군의 폭정으로 인한 반정으로 왕이 되었다. 그러나 연산군에 비해 정치적으로는 큰 역량을 발휘하지 못했다.

중종은 등극하자마자 가장 먼저 연산군의 폭정으로 인해 문란해진 기강을 바로잡고 정치적 안정을 기하려 했다. 시도는 좋았으나 중종반정에 성공한 공신세력의 힘이 막강하여 거의 실효성을 거두지 못했다.

중종은 비대해진 공신세력을 견제하기 위해 조광조를 정치일선으로 불러들어 개혁을 도모했다. 하지만 조광조의 개혁 정책은 급진적이고 과격했기 때문에 훈구파의 반발을 불러일으켜 정치적 혼란만 야기시켰다.

조광조는 향약을 실시했으며 현량과를 도입했고 전통적인 인습과 구태의연한 제도를 혁파했으며 궁중 여악을 폐지했다. 또한 내수사의 고리대금업을 중지시켰다. 그리고 성리학적 윤리 질서와 통치 질서를 세우기 위해 주자의 《가례》와 《삼강행실》을 보급했고 이교적 이념이 담긴 것을 없앴으며 《소학》 교육을 장려하여 유교 사회의 질서를 세우려고 하였다.

조광조는 단시일에 사회 개혁을 단행하고 정치 혁신을 도모하려 했지만 이는 무리한 조치였다. 각 방면의 진흥정책들은 정치적 혼란에 영향을 받아 별다른 성과를 거두지 못했다. 이러한 현상은 중종의 개혁정치가 실패로 돌아갔다는 것을 의미한다.

그 당시 정책과 개혁이 급진전되기 위해서는 무엇보다도 중종의 뛰어난 역량이 필요했으며 개혁의 방향에 대해서도 뚜렷한 입장을 가지고 있었어야 했다. 그런데도 중종은 조광조를 따라가기에 급급했다. 그러다 마침내 조광조의 지나친 도학적 언행에 염증을 느껴 훈구파가 그를 제거하자는 데 동조하고 말았던 것이다.

중종은 38년 2개월이라는 긴 기간 재위했지만 개혁 정책에 실패했고 정국혼란을 극복하지 못했다.

왕자 교육의 관점에서 볼 때 중종은 실패한 경우에 속한다.

실패의 원인은 인재 활용의 미숙함과 뚜렷한 정치철학의 부재에서 찾아볼 수 있다. 그는 아버지 성종의 정치를 본받아 균형 정치를 실현해서 조선의 영화기를 희망했지만 정치력을 제대로 발휘하지 못했던 것이다.

정치적 혼란 속에서 눈물로 왕위를 지켰던
명종

명종은 12세에 등극한 소년 왕이다. 그는 어린 나이에 등극했기 때문에 8년 동안 어머니 문정왕후의 수렴청정을 받아야 했다.

문정왕후는 조선 시대의 여인천하를 이룩한 인물로 TV 드라마에 정난정과 더불어 자주 소개되었다. 그녀는 수렴청정으로 왕권을 휘두르게 되자 외척을 끌어들여 각종 정치적 혼란을 야기하기 시작했다.

그녀는 여왕이라 불릴 정도로 왕권을 마음대로 쥐고 흔들었다.

자신의 권력을 최대한 이용하여 친정 동생 윤원형의 폭압적인 권력 독점과 남용을 후원했고 정사를 개인적인 감정으로 결정했다. 그러한 정치적 혼란은 그의 친정 동생 윤원형과 정난정의 패악으로 이

천재 교육에 실패한 왕

어졌고 승려 보우를 등용해서 병조판서에 올려놓아 유교통치 사상의 근간을 흔들었다.

그러나 명종은 중종 때부터 여인천하의 암투를 벌인 호전성과 노련함을 겸비한 어머니 문정왕후에 대해 전혀 손을 쓸 수가 없었다. 명종은 조정에서는 권신들의 횡포에 시달렸으며 궁중에서는 문정왕후에게 휘둘렸다. 그녀는 툭하면 억지주장을 폈고 떼를 쓰며 명종을 괴롭혔다.

그녀는 자신의 요구사항을 글로 적어 보내어 수용되지 않으면 불같이 화를 냈다. 왕을 불러 면상에다 대고 반말로 욕을 해댔으며 심지어는 말을 듣지 않는다고 왕의 종아리를 때리거나 뺨을 후려갈기기도 했다.

왕이 이렇게 안팎으로 시달리며 눈물로 왕위를 지켰으니, 왕의 권위는 땅에 떨어졌고 조정 대신들은 권력을 독점하여 사리사욕을 채웠으며 사회는 혼란스러웠다.

게다가 흉년까지 겹쳐 민심은 병들 대로 병들어 사회적 혼란이 가중되었다. 당시 민간의 태반이 굶주림에 시달렸고 곳곳에 도적 떼가 창궐했다. 그 유명한 양주의 백정 출신 의적 임꺽정이 활동하던 때가 바로 명종시대였다.

명종시대의 혼란은 정치, 경제, 사회, 문화에 이르기까지 극심했다. 국방도 허술해져서 왜구가 기승을 부렸고 민생은 도탄에 빠졌다.

이 같은 혼란의 근본 원인은 상당 부분 문정왕후에게 있었으나 명종의 통치력 부재도 문제였다.

왕자 교육의 관점에서 보면 명종은 제대로 된 교육을 받을 수 없는 처지였다. 성종도 그와 비슷한 연령으로 13세에 등극한 소년 왕이었음에도 두 왕의 명암이 극명하게 대비된다.

그 이유는 성종은 할머니 정희왕후의 보호 속에서 제대로 된 제왕 교육을 받았지만 명종은 어머니 문정왕후의 포악한 기질에 시달리느라 제대로 교육을 받을 수가 없었기 때문이다.

그 둘의 차이를 볼 때, 교육의 영향력은 참으로 지대한 것임을 알 수 있다.

· 5 장 ·

왕자들의
조기 영재 교육

왕자의 태교

태교는 중국 주나라 문왕의 어머니 태임과 무왕의 어머니 태사를 본받아서 하였다.

임산부는 임신을 하는 순간부터 정결한 생각을 하며 몸가짐을 삼갔다. 부정한 것을 보거나 듣는 것을 피했으며 불결한 음식은 입에 대지 않았다. 음란한 장소에도 아예 가까이 가지 않으려고 노력했다. 그리고 매일 성현의 말씀을 읽거나 듣고 외웠으며, 옥과 수정을 바라보며 왕자탄생을 기원했다. 또한 산모의 거처에서 악사가 음악을 들려주기도 했다.

왕비의 태교에는 특별한 점이 있었다. 왕비의 처소에는 십장생이 그려진 병풍이 쳐 있었는데, 그 그림은 왕비의 지위를 상징하는 대표적인 궁중 장식화였다. 십장생도는 해·산·구름·학·솔·물·거북 등의 불로장생을 상징하는 열 가지 자연 풍물로 구성되어 있는데, 그림이 크고 색채가 화려하며 여성적인 아름다움으로 가득 찬 화풍이었다. 왕비는 태교법의 하나로 그 십장생도를 보면서 장차 태어날 아기에게 입힐 누비옷을 직접 만들었다. 태교를 위해 왕비가 손수 바느질을 했다는 것이다. 누비옷을 만들 때의 섬세함과 정성, 정교함과 깊은 사랑을 통해 태교를 했다. 그렇게 지극 정성을 들이는 동안 심신을 안정시키며 총명한 왕자 아기가 태어나기를 염원했던 것이다.

두뇌 발달을 위한 태교와 건강관리법

태교 음악

궁중아악의 은은한 음률로 태아와 산모의 정서적인 안정을 취하도록 배려하였다.

궁중아악 중에서도 주로 가야금이나 거문고 등의 현악기 선율을 임산부 곁에서 정성스럽게 연주해 태교로서 두뇌 발달을 할 수 있도록 했다. 그러나 시끄러운 음악은 산모의 신경을 날카롭게 한다고 금했으며, 특히 피리 독주는 고저장단의 변화가 심해서 감정을 자극하며 예민하게 한다는 이유로 금했다.

임신 전후의 건강관리

단맛은 수태 전후로 가급적 금지했다. 한의학적 원리로 단맛은 그 시기의 임신부에게 필요한 신장의 기(氣)를 약화시키기 때문이었다. 단맛은 토기(土氣)를 의미하므로 토극수(土克水)의 원리가 적용된 것이다. 현대 의학적 관점으로는 단것은 당질로서 과잉 섭취했을 때, 칼슘의 부족을 초래하며 뇌의 발달에 나쁜 영향을 주기 때문이다. 그로 미루어볼 때, 임신 전후의 단맛을 금지하는 것은 매우 과학적인 건강관리법인 것이다.

임신 2개월

임신 2개월부터 시작되는 입덧에 대해 신중하게 대처했다. 임신으로 인한 정서적 불안으로 임산부가 편식을 하거나 음식조절을 하지 못할 경우, 담당자는 심한 문책을 받았다. 임산부에게는 예민한 입맛을 돋우는 음식을 정성 들여 만들어 먹였다. 임산부는 보통 사람들보다 훨씬 풍부한 영양분이 필요하다는 것을 충분히 고려하였던 것이다.

임신 3개월

거처를 조용한 별궁으로 옮겨 안정을 하며 본격적인 태교에 임했다.

별궁에는 출입을 엄격하게 제한했고 담당자 이외에는 통제되었다. 임산부는 건강하고 총명한 왕자를 생산하기 위해 매사에 조심하고 철저한 금욕 생활을 해야 했다. 늘 조용히 묵상하듯이 앉아 예쁘고 바른 것만 보고 좋은 이야기를 듣고 올바른 언행을 실천했다. 태교를 위해 시와 서예, 그림에 대한 태교 수업을 게을리하지 않았다.

임신 5개월

본격적인 태교로 목청 좋은 내관들이 임산부의 방 앞에서 사서삼경을 읽었다. 임산부의 마음을 안정시키는 것은 물론 태아에게 경서 공부를 시키기 위해서였다.

왕실에서는 태아가 모체의 배를 발길질하는 태동을 글을 배우겠다는 몸짓으로 여겨 임신 5개월에 접어들면 태교를 강화시켰다. 두뇌 발달을 위한 조기교육을 왕자의 뱃속에서부터 시킨 것으로, 태아에게 학문을 가르치는 일과를 엄격히 지켰다.

임신 6개월

임산부를 위해 당직자가 묻고 답하는 식의 모의 글방을 차렸다.

《천자문》, 《동몽선습》, 《명심보감》 등을 해설까지 해가며 낭랑한 목소리로 낭독하여 임산부에게 들려주었다.

태아 때부터 덕을 쌓고 바른 길로 가도록 가르치는 것으로 왕실의 엄격한 태교였다.

임신 7개월

임산부에게 아침 식전에 순두부를 먹였다.

뇌 발달에 좋다는 궁중의 정설에 따라 콩으로 빚은 순두부를 먹였던 것이다. 그 밖에 육류 섭취를 피하고 채식 중심으로 준비하였다.

콩과 싱싱한 채소, 새우, 흰살 생선, 조개, 해조류가 주요 메뉴였다. 이는 현대의학적 관점으로 볼 때 두뇌 발달에 매우 이상적인 식생법이다.

임신 9개월

임신부의 영양 공급에 최고로 신경을 썼다. 궁중에서는 왕자 탄생 1개월 전인 9개월부터 임산부 영양관리의 담당자 수를 두 배로 늘렸다. 그것은 현대의학적 관점과 일치한다. 현대의학에 의하면 두뇌의 무게는 임신 9개월에서 출생 시까지 극도로 늘어난다고 하며, 그 시기에 영양 공급에 신경 써야 한다고 되어 있다. 그러한 관점으로 미루어볼 때, 임신 9개월에 영양관리에 집중하는 것은 매우 과학적인 건강관리법이다.

출산하는 달

출산일이 가까울수록 임산부 곁에서 수발을 드는 담당자가 많아진다.

임산부는 만삭이 다가오면 출산준비를 철저히 한다. 왕실에서는 산실청이라는 출산기관을 설치하고 최고위층인 정승과 내의원의 어의들이 출산 때까지 왕실에 머물며 비상근무에 들어가 출산준비에 만전을 기한다. 왕의 탄생은 10개월의 임신기간 동안 왕실의 보호와 통제 아래 철저한 태교와 건강관리를 통해 엄격하게 이루어졌다. 그러한 점은 오늘날 두뇌 발달을 위한 태교의 관점에서 배울 점이 많다. 과학적인 태교와 건강관리 측면에서 새롭게 재조명해보는 것이 바람직하다.

영아기 왕자의
두뇌 발달 운동법

태어나서 만 1세까지의 영아기 왕자들에게 쏟는 정성은 대단했다.

궁중의술과 왕자들의 조기교육에서 두뇌 개발에 대한 비중은 매우 높았다. 조선조 왕실에서는 왕비를 비롯한 후궁들의 조기교육 열풍이 대단했다. 영아기 왕자들의 교육에 세계 어느 나라에서도 유례를 찾아보기 힘들 정도로 정성을 들였다.

지금은 점점 잊혀져가는 영아들을 위한 놀이쯤으로 아는 '도리도리 짝짝꿍'이나 '곤지곤지 잼잼'도 사실 알고 보면 왕실에서 유래된 두뇌 개발을 위한 운동법이다.

척추와 척수 및 두뇌 개발을 위한 특유의 동작과 음률로 이루어졌으며 걸음마를 배우기 전 단계의 유아를 위해 왕실의 어른들이 함께 해준 운동법이었다.

손놀림이나 손끝놀림의 경우 손의 미세한 움직임이 뇌 활성화에 놀라운 효능이 있음이 과학적으로 밝혀졌다. 손놀림 운동은 효과적인 미세 동작으로 뇌 활성화에 절대적으로 필요한 동작이다. 손은 뇌의 연장이며 손가락 운동은 뇌의 넓은 부위를 자극하는데, 가장 중요한 것은 왼손과 오른손을 모두 사용하는 것이다. 그런데 영아기 왕자들의 두뇌 발달 운동법은 그러한 조건을 모두 충족할 뿐만 아니라, 척추와 연결된 신경까지 활성화하기 때문에 놀라운 효과가 있다.

구체적인 두뇌 개발 운동법을 몇 개 소개한다.

부라부라 불불

유아기 왕자의 옆구리를 어른이 잡고 좌우로 흔들어 움직인다. 이 운동은 척추를 바로 세우는 자세로 척추와 뇌의 척수 연결점을 바르게 펴고 뇌의 성장과 발전에 도움을 주는 동작이다. 시계추가 움직이듯 좌우로 흔들어 척추를 바로 세워주면 척추 신경이 강화되며 하체를 튼튼히 하여 키가 크는 효과도 있다.

도리도리 짝짝궁

웃으며 머리를 좌우로 돌리고 양손을 마주치는 운동이다. 궁중뿐만 아니라 민가에서도 널리 알려져 있으며 정신 및 육체의 조화를 중시한다. 도리도리는 머리를 돌려 척수와 뇌수의 균형 있는 발전을 활성화하는 것으로, 도리도리(道里道里)는 '도의 이치를 깨달거라'라는 깊은 뜻이 담겨 있다. 짝짝궁은 손바닥을 부딪쳐 뇌의 기능을 활성화하고 뇌를 건강하게 하는 운동법이다. 짝짝궁이란 뜻은 음과 양이 짝을 이룬 상태, 즉 태극의 상태를 말한다. 마음에서의 태극이란 나도 모르게 움직이는 마음의 음과, 내가 아는 상태로 움직이는 마음의 양이 합쳐져서 완전히 정신을 차린 상태이다. '도리도리 짝짝궁'이란 말은 결국 '정신 차리는 도리를 알거라' 하는 깊은 의미가 들어 있다.

깍꿍

깍꿍은 영아의 시야를 벗어나 있다가 갑자가 나타나서 놀래게 하거나 웃게 하는 동작이다. 대개 영아는 낯익은 얼굴이 가까이 있다가 사라지면 찾게 되는데, 그때 갑자기 나타나서 깍꿍을 외치면 크게 웃는다. 이 운동은 영아를 웃게 해서 뇌와 심장의 혈액순환 활성화화고 새로운 것을 받아들이게 하는 두뇌 발달법으로 매우 효과가 있다.

깍꿍은 각궁(覺宮)의 의미로 짝짝궁의 궁을 깨우치라는 뜻이다. '자신의 위치를 깨닫거라'라는 깊은 뜻이 담겨 있다.

곤지곤지 잼잼

곤지곤지는 한 손으로 맞은편 손바닥 중앙부위(심포혈)를 찌르는 운동이다. 손바닥을 바꿔가며 되풀이하는데, 이 운동은 손바닥의 심포혈을 찔러 심장과 뇌의 활동을 강화하는 효과가 있다. 잼잼은 손을 폈다 쥐었다 하는 운동으로 이 역시 심장의 혈액순환과 뇌의 기능을 강화하는 효과가 있다. 곤지곤지는 땅 곤에 땅 지로 땅의 기운이 서려 땅이 만들어진 이치를 의미하며 기가 움직여 우주가 창조된 이치를 이야기한다. 마음이 움직여 기가 움직이고, 기가 움직이니 어떠한 현상이 나타나는 것을 표현한 것이다.

잼잼은 '잡아라'라는 우리말이고, 곤지곤지 잼잼이란 '네 마음대로 이 세상이 만들어지는 이치를 잡아라' 하는 뜻이다.

꼬네꼬네

꼬네꼬네는 여자 아기를 손바닥에 올려놓고 척추를 펴고 중심을 잡도록 하는 운동법이다.

힘이 많이 들어가는 운동법이므로 다소 힘이 센 아빠가 아기를 손바닥에 올려놓고 중심을 잡아주면서 세워야 한다. 이 운동법은 운동 감각을 일깨우고 척추를 강화하여 소뇌 발달에 도움을 주는 효과가 있다.

길르래미 훨훨

두 손끝을 흔드는 운동이다. 손끝을 흔들면 전체적으로 혈액순환이 촉진되고 모세혈관의 혈류가 촉진되며 심장과 뇌의 발전에 도움이 된다. 훨훨은 날아가는 형상을 표현하는 말로서 기를 발산하고 수렴하는 의미를 담고 있다.

영아기 두뇌 개발법인 위의 운동들은 지금 일부만 남아 있다.

두뇌 발달에 매우 좋은 효과가 있는 것임에도 보통 사람들은 옛날 어른들이 하는 영아기 놀이쯤으로 알고 있다. 그러나 영아기 놀이 형식을 빌렸을 뿐, 실제적으로는 매우 효과적이고 의미가 있는 운동법이다.

유아기 왕자의 덕성과
예의범절 교육

유아기(만 1세부터 6세)의 왕자 주변에는 덕성을 강조하여 어진 사람을 배치했다.

좋은 성품과 높은 덕성을 지닌 사람을 선별하여 이들의 언행을 자연스럽게 익히도록 했다. 왕자는 출생 후에 대개 유모에게 보살핌을 받는데, 유모는 너그럽고 인자하며 따뜻하고 덕성스러운 여성으로 간택하였다.

충효에 대한 덕성을 비롯하여 신하를 공경하고 백성의 고통을 살필 줄 아는 덕성을 갖추도록 교육받았다. 이러한 덕성 교육은 유아기 때부터 익히도록 하여 자연스럽게 몸과 마음에 배도록 했다. 또한 덕성과 더불어 예의범절 교육도 자연스럽게 일찍부터 행하게 하여 몸에 배도록 했다.

　예의범절 교육은 엄격한 유교적 전통에 따랐다. 스승 앞에서는 늘 옷을 갖추어 입고 자세를 바르게 했다. 또한 아침에 일어나면 부모님께 문안 인사를 반드시 올렸다.

　저녁에는 잠자리를 보살펴드렸으며 부모님이 아프면 약을 먼저 맛본 뒤에 올려야 한다고 교육을 받았다. 왕실에서는 왕자에게 공부와 관련된 놀이를 주로 많이 시켰다.

　어렸을 때부터 공부하는 습관이 들이기 위해 붓과 먹, 책을 가지고 놀게 했다. 또 효자들의 행실을 그린 그림이나 공자의 일생을 그린 그림을 보여주며 이야기를 들려주었다.

　범절도 유아기 때부터 교육시켰는데, 왕자가 스승을 만나는 상견례에서부터 철저히 범절을 익히도록 교육을 받았다.

　조선 시대 왕자들의 이러한 교육적 시스템은 매우 바람직한 것이다.

　왕자들의 덕성과 예의범절 교육은 유교적 덕목을 중시한 전인적 교육 측면에서 매우 긍정적이다. 인성교육이 결여된 오늘날의 교육적 관점에서 볼 때 배울 점이 무척 많은 것이다.

소년기 왕자의
판단 능력과 심신 강화 교육

소년기 왕자는 유교 이념에 따라 덕성을 바탕으로 경륜을 쌓는 교육을 받았다.

일반적 지식교육에 집중하는 방식뿐 아니라 왕위를 이을 기본적 자질 함양을 위한 경서 공부를 중시했다. 그래서 《조선왕조실록》에 보면 왕세자 강학에 대한 논란과 책자 선택에 대한 논란이 자주 언급된다.

그것은 현군을 배출하기 위한 군신의 마음이 한결같이 간절하였다는 것을 나타낸다.

왕자들은 대체로 유교경전으로 덕성과 자질을 함양시키고 역사교육을 통해 역사적 지식과 안목을 길렀다.

왕처럼 키워라

특정한 지식보다는 인격수양이나 경륜을 쌓게 하는 방향으로 교과배정을 한 것으로, 이는 오늘날 국가 경영자를 비롯한 각 분야 경영자가 지녀야 할 매우 필요한 덕목이라 할 수 있다.

소년기 왕자는 일찍이 심신을 강화하는 교육을 통해 몸과 마음을 강건하게 했다.

체육활동을 통해 몸을 강하게 하고 예술에 대한 교육을 통해 마음을 바르게 했다. 또한 건강을 위한 체조, 도인술을 꾸준히 행했다.

성장함에 따라서 활쏘기, 말타기를 병행해서 익혔다. 특히 활쏘기는 태조 이성계가 신궁이라 칭할 정도로 실력이 뛰어났기에 유전적으로 그 피를 이어갔다. 말타기는 국왕이 기본적으로 갖추어야 할 기능에 속한 것으로 주로 세자가 많이 익혔다.

예술교육으로는 주로 시 창작법을 배우고 익히게 했다. 그 밖에도 서예, 그림, 음악에 이르기까지 다양한 분야가 있었다. 그 과정의 선택과 배려는 일정한 소양을 갖추도록 하는 교육으로서 충실히 실행되었다.

조선 시대 왕자 중에서 서예 대가가 많았음은 주지의 사실로서, 그들의 교육에 심신 일체의 건강 비법이 깔려 있었음을 알 수 있다.

조선 시대의 논술

왕자의 교육에서도 오늘날의 논술과 같은 시험이 있었다.

《조선왕조실록》에 보면 영조가 왕세자에게 친히 글을 지어 학문의 깊이를 시험하는 기록이 있다. 영조가 친히 글을 지어 춘방관에게 명하여 왕세자에게 받들어 보이게 했다.

"들으니, 네가 《사물잠(四勿箴)》을 세 번 다시 공부하여 확실하게 하였다고 하는데, 사물(四勿) 가운데에서 '물(勿)' 자가 근본이 된다고 한다. 그러하니 한 가지 일이라도 예(禮)가 아닌데 보고 듣고 말하고 행동한다면, 이는 '물(勿)' 자의 태도를 넘어지게 하는 것이 될 것이다. 왜 그렇게 되는지를 학문이 천박하다 하지 말고 사실대로 대답하여라."

세자는 글을 읽고 글로 우러러 대답했다.

"공경히 글을 읽어보았으니 어찌 감히 속이겠사옵니까? 대저 사욕 (私慾)이 일어나는 것에는 크고 작고 깊고 얕은 것이 있사옵니다. 작은 사욕은 일상적인 생활을 하는 사이에도 일어납니다. 그러나 비록 큰 사욕이 작은 사욕보다 깊을지라도 작은 사욕을 소홀히 하여 신중히 하려고 생각하지 않는다면 그 해독이 도리어 큰 것보다 심할 것이옵니다. 예전에 소열제(昭烈帝)가 '악(惡)이 작다고 하여도 행하지 말라' 하였는데, 이것은 참으로 지언(至言)이라 생각하옵니다."

왕자가 왕세자의 글을 읽어보고 말했다.

"왕세자의 글이 이치가 맞으니, 기쁘도다."

왕자 교육에도 글을 짓는 과정은 필수과목에 속했다. 그것은 왕자가 장차 왕이 될 경우, 수많은 신하들의 상소문을 비롯한 각종 업무가 글을 통해 이루어지기 때문이었다. 또한 왕자 교육에서 경륜을 함양한다는 것은 듣기와 말하기를 모두 잘해야 함을 의미한다. 또한 독자적인 지식 체계를 형성하여 지혜롭게 사고하는 역량을 강화하는 것으로 제왕학에서 뺄 수 없는 덕목이었다.

경륜(經綸)의 원래 뜻은 일정한 포부를 가지고 일을 조직적으로 계획함, 또는 그 계획이나 나라를 경영함이라고 되어 있다. 하지만 왕자의 교육에서 경륜은 경서와 사서의 공부를 비롯한 각종 경험을 통해서 획

득하는 치밀한 사유방법이나 사유체계를 의미하기도 했다.

그렇기 때문에 왕자 교육에서 경륜을 쌓는 것은 어떤 의미에서 남다른 학문체계를 정립하는 것과도 맥락이 통했다. 또한 한편으로 왕자의 경륜은 제왕학으로 왕자가 나중에 나라를 다스리게 될 때, 치밀한 사유방법을 통해 신속하고 정확한 의사결정을 하거나 일을 추진하는 방법론을 지녀야 하기 때문에 반드시 필요한 것이었다.

그것은 오늘날 논술이 요구하는 종합적이고도 분석적인 사유체계의 서술과도 극히 유사성이 있다. 논술은 주어진 제시문을 독해하고, 그 제시문에 의거한 자기 생각을 현대사회의 구체적인 사례를 들어 서술하는 것이다.

따라서 경륜과 논술의 정의가 내포하는 자세한 의미들은 극히 유사하거나 동일한 뜻이 담겨 있음을 발견할 수 있다.

논술과 왕자 교육에서 강조되는 경륜의 유사성은 다음과 같다.

첫 번째, 논술에서 기본적으로 요구되는 것은 제시문의 독해이다. 제시문을 완전히 이해하고 풀이하도록 개념을 설정하여야 한다.

그것은 경륜에서 어떤 문제를 두고 생각하는 기본적 개념과 동일한 맥락이다. 왕자 교육에서 가장 기본적인 교육은 교재의 내용 암송과 이해였다. 교재의 내용을 암송하고 이해한 연후에야 시험에 해당하는 회강에서 내는 문제에 대해 적절한 답변을 할 수 있었다. 경륜 역시 어떤 문제를 해결하기 위해서 필요한 기본적인 개념을 완전히 숙지해야 하는 것이다.

두 번째, 논술은 주관성이 뚜렷하게 나타나야 한다. 논술에서는 제시문에 대한 자신의 생각을 상식을 넘어선 문제의식을 갖춘 논리로 풀어내야 한다.

그것은 경륜에서 독특한 사유체계로서 주관성을 지녀야 하는 점과 일치한다. 일반적인 상식과 지식의 범위를 자유롭게 넘나드는 문제의식과 해결방법을 내포하는 지혜가 있어야 경륜이 빛나는 것이다. 그러한 점에서 경륜의 주관성은 논술보다 결과에 비중을 더 많이 두는 심오한 사유를 요구하는 점이 있다.

세 번째, 논술은 현대사회의 구체적인 사례를 보여주어야 한다. 고전을 인용해서 훌륭한 결론을 이끌어낸다 하더라도 그것이 현대사회의 구체적인 모습으로 나타나지 않으면 아무런 의미가 없다. 논술은 고전 독해를 통해 자신이 알고 체계화하여 생각해낸 내용을 현대사회의 여러 측면에 적용하도록 요구한다. 관념으로서 사유가 아니라 현실적인 적용을 중요시하는 것이다.

그것은 경륜에서 현실의 문제점에 대해 구체적인 인용을 통해 결론을 이끌어내거나 적용하는 것과 유사성이 있다. 경륜은 고전의 독해를 비롯한 자신의 지식체계를 현실적으로 시의적절하게 적용하는 것을 의미한다. 상식이나 지식의 틀을 뛰어넘은 현실적인 적용의 의미를 지니는 것이다.

네 번째, 논술은 시험으로서 그에 맞는 형식이 있고 그 요구사항을 충족시켜야 한다.

논제가 무엇을 묻는지 정확하게 이해해야 하고 그 요구하는 바에 대해 충실히 서술해야 한다. 아무리 독해를 잘해도 논제에서 벗어나면 핵심을 비켜간 것이다. 그렇기 때문에 다양한 요구사항을 꼼꼼하게 검토하여 모두 충족시켜주어야 한다.

논술과 마찬가지로 경륜을 함양하는 것 역시 시험이기 때문에 극히 유사한 개념이다. 경륜 역시 그에 맞는 형식과 절차가 있고 그 요구사항을 충족하여야 한다. 아무리 학문이 깊다고 해도 핵심에서 벗어나는 사유와 토론은 경륜이 짧기 때문이라고 보아야 한다. 경륜은 전체를 포괄하여 다양한 요구사항을 충족시키면서도 핵심이 명확하게 드러나야 하는 것이다.

논술과 경륜은 이처럼 유사성이 있다.

오늘날 교육에서 논술을 잘하기 위해서는 기출문제들을 잘 풀어보고 무엇을 묻고 있는지 사색하며 다양한 자료를 읽어보아야 한다. 또한 현대사회의 중요한 문제의식들에 대하여 관심을 기울이며 새로운 생각, 사회에 대한 깊이 있는 분석, 철학적 질문들을 할 수 있어야 한다. 그러한 점은 왕자들이 경륜을 함양하게 하는 교육에서 배울 것이 참으로 많다.

치열한 독해와 깊은 사색을 통해 진지한 문제의식을 갖고 그것이 어떤 의미를 지니는지 정리해보는 습관을 지니는 것이 바람직할 것이다.

지혜로운 언행과 포부

왕자의 교육에서 가장 중요한 것은 지혜로운 언행과 판단력이었다. 그것은 장차 나라를 다스리는 경륜을 함양하는 바탕이 되는 것으로 어릴 때부터 타고나는 것보다는 후천적인 교육을 통해 키워졌다.

《조선왕조실록》에 보면, 뛰어난 왕자의 어린 시절 대견스러운 일화들이 종종 나온다. 그들의 성숙한 판단력과 지혜로운 언행이 미래의 성군의 자질이었음을 발견할 수 있다.

명종은 여러 왕손들을 궁중에서 가르치다가 한 가지 시험을 했다.

"너희들의 머리가 큰지 작은지 알아보려고 하니, 차례로 익선관을 써보도록 하여라."

그의 말이 떨어지자 대부분의 왕손들이 익선관을 쓰려 했다. 그러나 그중 제일 나이 어린 선조가 벌떡 일어나 두 손으로 익선관을 받들어 어전에 도로 갖다놓고 머리를 숙여 사양하며 말했다.

"이것이 어찌 보통사람이 한 번이라도 쓸 수 있는 것이겠사옵니까?"

왕의 모자인 익선관은 누구도 함부로 쓸 수 없다는 법도를 어린 선조가 알고 현명하게 판단하고 지혜롭게 그를 설명한 것이다. 선조의 그 대견스런 언행과 판단력을 본 명종은 이를 기특하게 여겨 마음속으로 다음 왕위를 전해줄 재목으로 선조를 꼽았다고 한다.

정조의 어린 시절에 얽힌 일화도 그와 비슷한 지혜가 돋보인다.

정조가 여섯 살이 되었을 때, 영조가 정조를 불러 배운 것을 시험하였다. 영조가 어린 정조를 평상 아래에 세우고 정조의 스승인 남유용을 가리키며 말했다.

"저 사람이 누구냐?"

그 답변을 들은 어린 정조가 아주 당돌하고 거침없게 대답했다.

"남유용이옵니다."

그 답변을 듣고 영조가 웃으며 말했다.

"왕 앞에서는 높여 부르지 않는 법이기 때문에 이름을 불렀느냐?"

왕 앞에서는 대신들도 서로를 지칭할 때, 지위고하를 막론하고 상대방의 지위나 직책보다는 이름을 부르는 것이 법도라는 것을 어린

왕자들의 조기 영재 교육

정조가 알았던 것이다. 영조는 어린 정조가 그러한 사실을 알고 거침 없이 스승의 이름을 부른 것을 알고 기뻐했던 것이다.

왕자 교육의 근본적인 목표는 지혜로운 판단력과 언행을 갖추어 경륜을 함양하는 것이었다.

왕자 교육에서 특별한 점은 일반적인 지식과 상식이 아닌 매우 체계적이며 효과적인 교육법을 통해 지혜로운 판단력과 언행을 발휘할 수 있도록 하는 것이었다.

특히 조기 영재 교육이자 엘리트교육이었던 원자나 세자의 교육은 한 나라의 지도자를 양성하는 것이기 때문에 엄청난 공을 들였다.

《조선왕조실록》에는 왕과 신하가 세자의 교육에 대해 토론하거나, 학습 진도나 학습에 대한 점검 과정이 매우 상세하게 기록되어 있다.

그러한 점에서 왕자들은 어린 시절부터 국가적인 정책의 일환으로 다양한 방법의 학습과 시험을 반복하여 자연스럽게 경륜을 함양하는 교육을 받았던 것이다.

수시로 묻고 답하는 토론

왕은 왕세자에게 수시로 묻고 답하며 경륜 함양 교육을 시켰다. 《조선왕조실록》을 보면 정규적인 회강 이외에도 왕이 수시로 왕세자에게 묻고 답변을 들었다는 기록이 나온다.

그것은 공부의 수준을 가늠하는 것이기도 했지만 가르침을 주는 형태도 많았다. 특히 왕세자의 교육에서 왕은 경륜을 함양하도록 여러 가지 질문을 하고 답변을 들으며 보충 설명을 해주기도 했다.

《조선왕조실록》에 태종이 세자에게 걸(桀)과 주(紂)의 악정에 대해 묻고 답하는 대목이 나온다.

태종이 세자에게 물었다.

"걸, 주가 몰락하게 된 연유가 무엇이냐?"

"인심을 잃었기 때문이옵니다."

세자가 답변하자 태종이 상세하게 설명했다.

"걸과 주는 천하의 임금이 되었어도 인심을 잃어서 하루아침에 몰락하기에 이르렀다. 하물며 나와 네가 만일 인심을 잃으면 반드시 하루아침에 이 자리에 있지 못할 것이다. 그러니 소홀히 할 수 있겠느냐?"

태종은 세자에게 인심의 중요성을 강조했던 것이다.

또 다른 《조선왕조실록》에 보면, 세조가 세자에게 한의 멸망원인을 후손들의 안일 때문이라며 경륜의 중요성을 설명한 대목이 나온다.

세조가 세자에게 물었다.

"통감(通鑑)은 어느 시대의 것을 읽고 있느냐?"

"한나라 헌제 때의 것을 읽고 있사옵니다."

세조가 가만히 듣고 있다가 물었다.

"어째서 망하였느냐?"

세자가 대답했다.

"참소와 아첨이 행해져 위엄과 권세가 점점 신하에게로 옮겨졌고 오늘의 편한 것만 알고 후일의 위태할 것을 생각하지 아니하여 기강이 무너졌기 때문이옵니다."

세조가 세자의 말을 듣고 말했다.

"맞는 말이다. 시조(始祖)가 여러 신하와 더불어 한마음으로 협력하여 대업을 창설하였는데, 자손이 점점 안일과 오락에 빠지고 여러 신하들도 각자 편한 것만 취하였기 때문에 망한 것이니라."

왕들은 왕세자에게 나라를 이끌어갈 기본 소양으로서 경륜을 함양하는 것은 물론이고, 때로는 경제적인 관점에서 경륜을 함양하도록 하는 교육도 강조했다. 특히 세조는 경제적 관점에서 경륜을 기르도록 세자에게 방도를 구체적으로 제시했다.

세조는 어느 날 신숙주, 구치관, 최항, 홍윤성 등의 대신들과 정사를 의논하다가 술자리를 베풀었다. 그러다 세자가 들어오자 세조가 술을 한 잔 주며 말했다.

"나라를 다스리는 도는 일을 경건히 하여 미덥게 하고, 용도를 절약하여 사람을 아끼고 백성을 부리되, 때를 맞추는 세 가지 것에 지나지 않을 따름이다. 대저 재화(돈, 財貨)라는 것은 천하의 대명이니, 진실로 남용하면 다 없어질 것이다."

세자의 말이 끝나자 이어서 신숙주가 말했다.

"그런 까닭으로 돈을 천화(泉貨)라 일컫는데, 그것을 남용하면 다 없어진다는 뜻이옵니다."

신숙주의 말을 듣고 있다 세조가 다시 세자에게 말했다.

《주역》에 이르기를 '무엇으로 백성을 모으는가? 재물로써 한다' 하였으니, 대개 재물이 모이면 백성이 모이고 재물이 흩어지면 백성도 흩어지느니라. 재물을 모으는 방도는 생산하는 자가 많고 먹는 자가 적으며 일하는 자가 빠르고 쓰는 자는 느려야 하는 것이 가장 좋으니, 너는 그것을 마땅히 알아야 하느니라."

그 말을 하다가 잠시 뭔가 생각하며 세조가 다시 덧붙여 말했다.

"백성을 다스릴 때, 그 도(道)를 얻으면 능히 국가를 안보할 것이나 도를 잃으면 도리어 일개 미천한 졸개의 처지와 같지 못할 것이다."

세조의 말이 끝나자 신숙주가 세자에게 고했다.

"금일의 성훈(聖訓)은 참으로 국가를 경륜하는 도(道)입니다. 원컨대 그 가르침을 깊이 유념하고 잊지 마소서."

세조가 신숙주를 가리키면서 세자에게 말했다.

"이 사람은 너의 스승이니 너는 마땅히 공경하라. 《중용》의 구경(九經)에서도 대신(大臣)을 공경하는 것을 큰 것으로 삼았으니, 너는 마땅히 본받도록 하여라."

이와 같이 왕들은 왕세자의 경륜을 함양시키려고 무척 노력했다. 구체적인 예를 들어가며 자세히 세자에게 제왕으로서 지켜야 할 방도를 전해주고자 했다. 그것은 좁게는 자신의 대를 이어 가문을 지키고 크게는 나라를 이끌 미래의 지도자로서 반드시 알고 지켜야 할 덕목을 교육하는 방식이었다.

그중에서 질문과 답변 형식은 오늘날의 면접 시험과 흡사하다.

왕이 왕세자에게 질문을 던지면 답변을 통해 왕세자의 수준을 가늠하거나 교육시키려 했다. 그러한 과정은 오늘날 면접 시험과 같이 여러 가지 지식이나 상식, 때로는 세상을 보는 안목까지를 견지하도록 하였으며 논리적 사유능력을 발달시킨다.

일방적인 주입식 교육이나 훈계보다는 토의방식이 두뇌 발달에 훨씬 더 직접적으로 영향을 주기 때문에 효과적인 것이다.

· 6 장 ·

왕세자 두뇌 발달 프로그램

원자 아기씨의
유아기 정서 교육

원자 아기씨가 태어나면 왕실은 보양청을 설치한다. 보양청은 유아기 원자 아기씨의 교육을 담당하는 왕실의 기관으로, 태어난 직후부터 3세까지 원자를 보좌하고 교도하는 일을 했다.

생후 3세 전에 인격이 형성된다는 현대 과학의 관점과 일치하는 궁중의 교육법이었던 것이다. 보양청에서는 원자를 보호하고 양육하는 모든 일을 담당했는데 특히 유아기 정서 교육을 신중히 고려했다. 담당관리가 원자를 데리고 왕실문안 인사를 올리거나 건강을 관리하는 등 갓난아기 관리에 관한 것을 전담하며 정서적 배려를 했다.

이러한 제도는 예비 왕이 성장기에서부터 왕의 기초적 자질인 정서적 안정을 기하게끔 하는 데 목적이 있었다. 당시 원자 아기씨의 유아기 교육에서 주안점은 덕을 쌓는 정서 교육이었다.

정서 교육은 두뇌 발달과 관계가 깊다. 생후 3세 전에 인격이 형성된다는 것은 동양철학의 원리와 일치한다. 한 살 때는 천기를 받고 두 살 때는 지기를 받으며 세 살 때는 인기를 받는다는 데서 착안한 것이다.

하늘과 땅, 인간의 기를 받는 성장기에 바른 말과 바른 생각을 할 수 있도록 배려하는 보양청을 설치한 것은 과학적으로 매우 의미 있는 일이다.

원자에게 행한 특별한 교육이 항상 성공한 것은 아니었지만 후천적으로 두뇌를 발달시키기 위해서는 매우 효과적이라 할 수 있다. 이러한 궁중 유아기 교육에서는 배워야 할 점이 무척 많다. 유아기가 실제적 교육을 받기에는 인지능력이 미발달되었다 하더라도 적극적인 교육으로 얼마든지 두뇌를 발달시킬 수 있다는 것을 알아야 한다. 또한 주변 환경에 적응하는 능력도 유아기 때 키워진다는 것도 알아두자.

사소한 말과 행동이 완전한 인식능력을 갖추지 못한 유아기의 인격형성에 영향을 미친다는 것을 명심해야 한다.

현대의 교육심리학적 관점에서도 유아기의 인격형성과 주변의 환경은 중요하게 다루어진다. 따라서 궁중 유아기 교육은 오늘날 유아기 교육에서도 배워야 할 덕목이다.

반복 학습과 언어교육

아기씨가 성장해서 서너 살이 되면 글을 배울 때라고 판단하고 원자로 책봉한다.

아기씨가 원자로 책봉되면 보양청을 강학청으로 바꾸며 이때부터 원자는 특수한 영재 교육을 받게 된다.

강학청은 원자가 대략 4~6세까지 교육을 받는 곳이며 원자가 세자로 책봉되기 전까지 운영된다. 강학청이 설치되면 원자의 교육담당 강학관들을 임명하는데, 정2품 이상의 보양관들을 스승으로 임명하거나 학덕이 뛰어난 사람들을 특채한다.

강학청은 오늘날 영재 교육을 시작하는 단계에 해당하는 기관으로 특수한 교육적 체계에 속한다. 오늘날 유치원 교육과정보다 더 이른 시기에 글을 가르쳤으며 두뇌 발달을 촉진시켰는데, 현대의 영재 교육 과정과 거의 같다고 볼 수 있다. 특히 한자와 언문교육을 병행한 것은 오늘날 외국어 교육과정과 같다. 이는 세계적으로 가장 조기교육을 빠르게 시행한 사례로 외국어인 뜻글자 한자와 우리나라 고유어인 소리글자 언문을 병행하여 뇌의 발달을 촉진한 것으로 볼 수 있다. 원자의 본격적인 영재 교육은 대략 5세 정도에 시작하는 한자 교육으로부터 시작되었다. 주요교재는《천자문》,《소학》,《격몽요결》 등으로 한자 습득과 유교 교육이 주류였다. 그 밖에 언문(한글)과 체조도 함께 가르쳤다.

강학청에서는 매일 아침, 점심, 저녁때에 각각 한 차례씩 하루 세 번 수업을 했으며 수업시간은 약 45분 정도이었다. 원자는《천자문》을 한 글자씩 배우며 삼강오륜을 익혔다.

그러나 너무 어린 원자는 대개 3일에 한 번씩 공부를 가르쳤다.

강학청의 수업은 스승이 한문의 글자 음과 뜻을 새겨주면 원자는 따라서 반복해서 읽고 익히는 방식으로 진행되었다. 글을 읽을 때는 바르게 앉아 글씨를 하나씩 짚으면서 큰소리로 똑똑하게 발음하게 했다. 또한 음의 고저장단에 맞춰 몸을 좌우로 흔들면서 글의 내용을 소리로 진동시켜 뜻을 새기게 했다. 원자가《천자문》을 익힌 후에도 하루에 교재의 본문 한 글자씩을 배우게 했고 이전에 배운 것과 당일 배운 내용을 복습하게 했다.

오늘날 조기 영재 교육에서 한자 공부가 두뇌 발달에 매우 효과적임을 감안할 때 이러한 수업 방식은 무척 과학적이었다. 유아기 원자의 영재 교육법은 한자 공부를 철저히 반복 학습하게 해서 문리가 트이도록 하는 학습법이었다.

원자의 학습 발표회

원자가 책 한 권을 떼면 왕과 왕비, 스승이 모두 참석한 가운데 배강 (背講)을 했다. 오늘날의 책걸이 비슷한 행사이면서 정식으로 실행되는 학습 발표회였다. 원자는 그 자리에서 책을 다 외운 후에 묻는 말에 답변을 해야 했다. 모두가 참석한 자리에서 묻는 말에 원자가 대답을 잘하면 왕은 스승들에게 차와 음식을 대접하며 칭찬을 하였다.

배강은 왕자의 교육에서 적극적인 의식과 주변 환경에 위축되지 않는 정신력을 심어주기 때문에 두뇌 발달에 매우 효과적이었다.

이러한 강학청의 교육으로 인해 원자는 6세 이전에 왕자로서의 의연함을 지니게 되며 학문의 성취도를 비롯하여 학문을 논하는 의욕

왕처럼 키워라

감이 고취된다. 또한 기초학문 정립을 위한 학습 태도가 갖추어지며 예법에 익숙하게 된다. 학습과 극기, 중용의 세 가지 자세를 새기며 영재로서의 두뇌 회전력을 갖추게 된다. 이러한 교육체계는 오늘날의 영재 교육에서도 본받을 만한 과학적인 교육법이라 하지 않을 수 없다.

왕세자의 지도자 교육

원자는 8세 이후가 되면 세자에 책봉된다. 세자는 왕의 후사를 이을 아들이라는 의미로 장차 나라의 지도자라는 지위가 주어진다. 그래서 세자로 책봉되면 종묘에 고하고 온 나라에 알리며 교육제도는 서연으로 바뀐다. 서연은 세자에게 본격적인 지도자 교육을 시키기 위한 교육제도였다.

유교가 왕성했던 중국에서 경연과 함께 도입되었는데, 서연은 왕세자를 위한 교육제도였고 경연은 왕이 받던 교육제도였다.

왕세자는 서연(書筵)을 통해 한 나라의 지도자로서 갖추어야 할 학문과 역량을 강화하기 위한 본격적인 교육을 받는다. 왕세자 교육은 세자시강원에서 전담하였다. 본격적인 지도자 교육을 하는 세자시강원의 관료들은 매우 뛰어난 실력자들로 구성되었다. 국가의 최고 실력자들이 왕세자의 스승이 되어 제왕학을 교육하고 관리하였다.

세자시강원에서 왕세자에게 가장 중점을 두어 가르친 것은 유교의 최고 덕목인 효였다. 유교에서 가장 중시하는 효를 우선하여 가르치는 이유는 유교의 기본 덕목을 몸에 익히게 하기 위해서였다. 그 다음 단계로 장차 지도자가 갖추어야 할 넓은 식견과 뛰어난 경륜, 역량을 키우는 본격적인 교육을 받게 했다.

왕세자와 스승

왕세자의 교도책임(교수, 스승)은 박사였다. 박사는 조선왕조의 관직 위계로 본다면 정7품인데, 세자시강원 관리의 경우라면 최하위직으로 볼 수 있는 설서(設書, 정7품)에 해당되었다. 그러나 입학례에서 박사는 단순한 관직명이 아니라 세자의 스승으로 추대되는 존칭이었다. 세자의 입학례에서 박사로 추천되면 당사자로서는 최고의 영광이었으며 사림의 자랑이자 선망의 대상이었다. 박사로 추대되는 인물은 대개 최고위직으로 주로 대제학 현임 중에서 선발되었다. 대제학은 홍문관, 예문관 소속이며 스스로 사직하지 않는 한 종신직으로 보장된 직책이었기 때문에 당파나 당쟁에 휩쓸릴 이유가 없어 세자의 스승으로 최적이었던 것이다.

왕세자의 교재는 유교경서와 역사책이 주를 이루었다.

《천자문》, 《동몽선습》, 《소학》, 《효경》을 먼저 익힌 다음 사서오경을 주로 배우게 했다. 역사교재는 《통감》과 《강목》을 위주로 했다. 그 밖에 지도자 교육으로는 왕의 자질을 가르치는 성리학 서적을 중시했다.

왕세자의 서연은 지도자 교육으로 신하들의 엄격한 교육 프로그램에 따라 학습에 들어갔다. 공부시간은 오전은 조강, 오후는 주강, 저녁은 석강으로 짜여 있었다.

오전 공부인 조강은 지난 시간에 배운 것을 복습하는 것부터 시작해서 자리에 앉아 책을 덮고 배운 것을 암송하는 것으로 진행되었다. 암송은 본문을 중심으로 이루어지며 왕세자가 암송을 제대로 못하면 호된 꾸지람이 따랐다.

복습이 끝나면 새롭게 본문에 나오는 글자의 음과 뜻을 풀어주고 문장의 뜻을 해석한다. 그러면 왕세자는 그것을 되풀이하며 따라 읽고 모르는 내용이 나오면 질문을 하고 답변을 들으며 익힌다. 그렇게 묻고 답하는 시간이 끝나면 그날 배운 문장을 다시 한 번 낭독하고 왕세자가 따라서 읽는 것으로 오전 공부를 끝냈다.

오전 공부가 끝나면 세자는 점심식사를 하고 곧장 오후 공부인 주강에 들어갔다. 수업 방식은 아침 공부와 마찬가지로 진행되어 저녁 공부인 석강까지 연이어서 했다. 왕세자의 공부는 주로 아침, 낮, 저

왕세자 두뇌 발달 프로그램

녁의 세 번의 강의로 빈틈없이 짜여져 있었으며 성균관의 대제학이
나 직제학의 학자에게서 특강도 받았다.

왕세자의 지도자 교육은 오늘날 입시교육보다 더 혹독했다. 두뇌
발달의 관점에서 볼 때 끊임없이 암송하고 유교경전이나 그 밖의 역
사서에 대한 문답식의 수업은 난이도가 높은 수업 방식이었다.

오늘날 한 사람 혹은 몇 사람만을 가르치는 특별과외 이상으로 집
중력을 요했으며 고도로 두뇌를 발달시키는 지도자 교육이었던 것
이다.

왕세자의 시험제도

왕세자의 시험제도는 엄격했다. 《조선왕조실록》에 보면 왕세자는 원래 적장자가 되는 것이 원칙이었다. 하지만 조선의 27명의 왕 중에 적장자는 8명뿐이었고 나머지는 적장자이면서 탈락되었거나 특수한 상황 때문에 왕이 된 경우였다.

특히 적장자이면서 왕위 계승에서 탈락된 왕자는 시험성적이나 행실이 좋지 않은 것이 이유였는데, 대표적인 왕자는 세종의 형인 양녕대군이었다.

왕세자도 시험은 절대 피해갈 수 없었다. 왕세자가 제대로 공부를 하고 있는지 점검하는 것은 법강이나 회강을 하는 과정에서 매일 이루어졌다. 수업을 시작할 때마다 이전에 배운 것을 확인했던 것이다. 또한 수시로 책을 덮고 전날 배운 것을 외우게 했다. 공식적인 시험은 '고강'이었다. 고강이란 과거 응시자들이 보는 구술시험과 성균관에서 실시하는 정기 시험을 가리키는 말인데, 왕세자도 세자시강원에서 고강을 치렀다. 5일에 한 번 고강을 실시해서 성적을 장부에 기록했다.

고강 날짜는 따로 정해지기도 했지만 거의 '회강' 시간에 치렀다.

시험은 시강관(시험감독) 앞에서 왕세자가 책을 외우고 뜻풀이를 하는 방식으로 진행되었다. 책 전체를 외우는 것이 아니라 경서의 글귀를 써넣은 대나무쪽을 통에 가득 넣어서 그중 하나를 뽑게 했다.

그렇게 해서 뽑은 글귀를 '고생'이라고 했는데, 그 의미는 "자신이 뽑은 대나무쪽의 내용을 알린다"는 것이다.

왕세자는 어떤 글귀가 씌어진 대나무쪽을 뽑게 될지 모르기 때문에 책 한 권을 다 외워야 제대로 시험을 치를 수가 있었다.

왕세자는 고강(시험)을 치르고 난 뒤 성적표를 받는다. 성적을 평가하는 것은 시강관의 고유 권한으로 시강관 중 최고위자가 담당하였다. 이러한 절차에 따라 회강에서는 세자의 스승이 성적을 평가했고 법강에서는 강의를 담당한 빈객, 혹은 상번 시강관이 왕세자의 실력을 평가하였다. 왕세자에게 내리는 성적표는 '생'이라고 했는데, 모양은 명패와 비슷했으며 성적은 시강관이 매겼다.

시험 성적은 네 등급으로 매겨졌는데 통(通), 약(略), 조(粗), 불(不)

이었다. 통(通)은 우수하게 통과했음을 뜻하고, 약(略)은 두 번째, 조(粗)은 세 번째, 불(不)은 낙제 점수였다.

성적은 곧바로 왕에게 보고되었고 성적이 좋지 않으면 왕세자는 왕에게 호되게 꾸중을 들었다. 그래서 왕세자들은 시험 날짜가 다가오면 심한 불면증과 두통, 불안증에 시달렸다.

왕세자 역시 오늘날 수험생과 마찬가지로 시험에 시달렸던 것이다.

교육과정에서 시험은 분야나 신분 고하를 막론하고 반드시 필요하다. 두뇌의 기능을 확인하는 의미도 있거니와 두뇌 발달을 촉진하며 심신단련을 하는 목적도 있는 것이다.

논리적인 토론의 시간

《조선왕조실록》에 보면, 69세의 영조가 11세의 왕세손 정조에게 회강을 하게 한 후에 직접 질문을 한 것이 나와 있다.

영조　조선은 제나라와 초나라와는 다르게 삼한(三韓)을 통합하여 하나가 되었다. 만일 영토 안에서 전쟁이 일어난다면 본토를 지키는 것 이외에 달리 방도가 없다. 전쟁이 일어나면 나라를 지켜야 하느냐, 그렇지 않아야 하느냐?

세손　당연히 나라를 지켜야 하옵니다.

영조　왜 나라를 지켜야 한다고 생각하느냐?

세손　포기해서는 안 되기 때문이옵니다.

영조　그렇다면 나라를 세운 것은 왕을 위해서냐? 백성을 위해서냐?

세손　왕을 위한 것도 되고, 조선을 위한 것도 되옵니다.

영조　대답은 잘했지만 분명히 깨우치지 못한 것이 있구나. 나라를 세운 본뜻은 백성을 위한 것이다. 하늘이 왕을 세운 것은 스스로를 봉양하게 하려는 것이 아니다. 백성을 봉양하게 하기 위함이다. 민심을 한 번 잃으면 비록 왕이 되고자 해도 될 수가 없으니, 너는 백성을 스승보다 더 두려워해야 하느니라.

두 사람의 질문과 대화를 통해 보듯이 어떤 주제로 묻고 답하는 형식은 왕세자들의 교육에서 매우 중시되었다.

왕세자는 11세가 넘어서면 회강을 했는데, 그것은 오늘날 논술적 성격을 띤 면접 형식을 지니고 있었다.

왕세자는 회강을 하기 위해 회강례라는 복잡한 의식을 거행한 후에 스승과 왕을 비롯한 여러 신하들 앞에서 학문의 깊이를 점검받았다.

그 형식을 자세히 살펴보면, 오늘날 논술적 성격을 띤 면접과 유사성이 있으면서도 몇 배나 어려운 지식체계를 요구했음을 발견할 수 있다. 단지 아는 것에서 그치는 것이 아니라 완전히 이해하고 자신의 지식체계로 독자적인 논리를 펼 수 있어야 했기 때문이다.

이러한 점으로 미루어볼 때, 회강은 오늘날의 구술 면접과 극히 유사성이 있다. 예를 들어, 영조가 세자에게 논어를 외우게 한 뒤 질문을 했다는 기록을 보면 오늘날의 구술 면접과 별 차이점이 없음을 알 수 있다.

세자가 논어를 외우는 것을 마치자, 영조가 물었다.

"자로(子路)가 해진 솜옷을 입고도 좋은 옷을 입은 자와 함께 서서 부끄러워하지 않은 것은 무슨 까닭이냐?"

세자가 대답했다.

"도(道)를 즐기기 때문에 해진 옷을 입고도 부끄러워하지 않았사옵니다."

영조가 그 말을 듣고 물었다.

"그 당시가 경제적 여유가 없을 때이더냐, 경제적 여유가 있을 때이더냐?"

"경제적 여유가 있거나 없거나 그 마음은 같았사옵니다."

세자가 그렇게 대답하자 영조가 다시 물었다.

"송나라 효종은 어진 임금이고 장준은 어진 신하인데, 다시 의기투합하여 떨치지 못한 것은 무슨 까닭인고?"

"그 왕과 신하의 위아래가 마음을 같이하지 못하였기 때문이옵니다.

세자가 답변하자 영조가 다시 물었다.

"군신(君臣)이 한마음이 되려면 어떻게 하면 되겠느냐?"

"일마다 공정하면 한마음이 될 수 있을 것이옵니다."

영조는 세자의 답변을 듣고 흡족해하며 칭찬을 해주었다.

오늘날의 구술 면접과 유사한 이러한 묻고 답하는 형식의 교육방법은, 논리적인 토의를 바탕으로 하기 때문에 어린 왕자들의 두뇌 발달을 빠르게 촉진시켰다.

이러한 교육방법은 왕세자나 왕자의 논리적 사유체계를 확고히 하였으며, 한편으로는 그들이 나중에 왕이 되어 신하들과의 정책결정 과정에서 논리적인 토론을 펼치게 하는 바탕이 되었다.

왕세자의 두뇌 발달을
위한 음식

왕세자의 교육에서 무엇보다 중요한 점은 두뇌 발달을 위한 음식이
었다.

왕세자는 유아기 때부터 시작되는 체계적인 교육 프로그램으로
인해 두뇌를 혹사당하기 때문이었다. 따라서 공부를 위한 체력 관리
는 물론이고 두뇌에 영양을 공급하는 것은 반드시 필요한 일이었다.
엄청난 분량의 경서를 암송하고 질문에 답하기 위해서는 두뇌가 총
명해야 했다. 따라서 궁중에서는 두뇌의 기능을 활성화시키는 음식
이 매우 발달했다.

왕세자의 식단은 두뇌 발달에 좋은 음식으로 구성하는 것은 물론
이고 늘 간식이 준비되어 있었다. 오늘날 두뇌 활동의 활력소로 알려

왕세자의 두뇌 발달을 위한 대표적인 간식

• 두뇌 활동의 활력소인 포도당 공급을 위한 간식

　무정과(무를 잘게 썰어 삶은 후에 조청에 조린 것)

　강정(조청에 콩을 버무려 만든 것)

　조청 죽순죽(조청에 재워 만든 죽순죽)

• 정신을 맑게 하는 간식

　솔잎과 송홧가루, 콩을 한데 섞어 만든 환

　솔잎 생식(솔잎을 생것으로 먹는 것)

　송홧가루 환

　송홧가루로 만든 다식(송홧가루를 꿀에 반죽하여 다식판에 박아서 만든 과자)

• 두뇌 회전을 활발하게 하는 간식

　쥐눈이콩으로 만든 콩강정

　검은 참깨로 만든 검은 참깨강정

　콩시루떡, 송편, 콩가루다식

　인삼정과(꿀에 재운 인삼을 익혀 만든 과자)

진 포도당을 비롯한 양질의 식물성 단백질이 정성스럽게 만들어졌던 것이다.

3~6세 왕자의 두뇌 관리에서 가장 신경 썼던 것은 편식과 비만이 었다. 편식과 비만은 두뇌 발달을 저하시킨다는 사실을 알고 관리를

철저하게 했다.

만약 왕자가 편식을 하거나 비만이 되면 담당 관리는 비밀리에 처형되거나 자루에 담겨 궁궐 밖으로 축출되었다. 그렇다고 비만 관리를 위해 왕자의 끼니를 거르게 하는 것도 금지되어 있었다. 왕자의 두뇌와 몸을 궁중의학의 원리를 통해 체계적으로 관리했던 것이다.

그러한 측면에서 위의 간식들은 두뇌 발달에 도움을 주면서 영양의 균형도 맞춰주기 때문에 현대의 식품영양학적 관점에서도 매우 효용성이 있다. 이러한 간식들을 아이들이 어릴 때부터 만들어 먹이면 매우 효과가 좋을 것이다.

왕세자의 심신 수련법

왕세자는 장차 왕이 될 사람으로 특별하고 존귀한 존재였다. 그래서 왕세자의 심신 수련법은 은밀하게 전해졌으며 특별하게 실행되었다. 심신 단련은 왕세자를 왕의 재목으로 다듬기 위해 반드시 통과해야 하는 절차였다.

궁중에서는 왕세자의 심신 수련을 비밀리에 시켰는데, 그 비법을 발설하거나 공표하지 못하도록 했다. 심신 수련의 주 목적은 대부분 시련을 이겨내기 위한 것이었다.

대표적인 왕세자의 심신 수련 교육과정으로 인두사신 수련법이 있었다.

인두수련법

인두(人頭)수련법은 말 그대로 인간의 두뇌를 발달시키는 수련법이다.

크게 소리 내어 책을 읽고 모두 암송하는 것으로, 두뇌를 연마하며 두뇌 발달과 역량을 강화하는 효과가 있었다. 경서를 읽을 때는 낭랑한 목소리로 음률에 맞추어 몸을 좌우로 흔들어 파동을 주며 한문의 뜻글과 언문의 소리글을 새기게 하였다. 인두수련법에 능한 왕자는 경서 한 권을 통째로 한 글자도 빠뜨리지 않고 암송했으며 그 깊은 뜻을 이해했다고 한다. 매우 많은 노력이 필요한 수련법으로 보통의 정신력으로는 완성하기 힘든 극기를 요구했다.

사신수련법

사신(四神)수련법은 사지를 강화하며 신체를 단련하는 수련법이다.

몸과 팔다리를 야수와 같이 강건하게 단련시키기 위한 방법으로, 새벽 4시에 일어나 건식과 습식 피부마찰을 하였다. 또한 추운 겨울에는 눈으로 온몸을 비볐으며 영하의 혹한에도 솜을 넣지 않은 홑바지저고리를 입고 극기 훈련을 하였다. 심지어 신체를 단련하여 잡병이 범접하지 못하게 하려고 홑바지저고리를 입고 야간훈련까지 하며 담력을 길렀다.

그 밖의 수련법으로는 학습 효과를 높이기 위한 지식법이 있었다.

정신 집중을 위한 호흡법인데, 그 방법과 원리가 숨을 참고 버티는 것으로 전문가의 지도 없이는 배우기 힘들다.

창을 부를 때나 무술, 궁술 등 여러 동작에 반드시 요구되는 호흡법인 지식법은 왕세자가 세수할 때 방 안에서 옻칠을 한 함지에 소금물을 타서 거행했다. 소금물을 탄 함지에 귀만 막고 머리 전체를 담가서 숨을 참는 것인데, 제대로 하지 않으면 소금물이 콧속에 들어가 아리거나 쓰라리기 때문에 효과가 있었다. 지식 훈련을 하면 머리가 맑아지고 순발력이 생긴다고 하는데, 현대 과학에서는 검증하기 힘든 면이 있다.

그러므로 왕세자가 심신을 단련한 구체적인 방법이나 효과에 관심을 기울이기보다는 그러한 노력들이 큰 인물로 성장하는 과정에서 필요하다는 의미로 받아들이는 것이 좋겠다.

두뇌 발달의 관점에서 보면 공부만 최우선시하는 풍토에서 벗어나 강한 육체적 단련도 병행하는 것이 바람직하다.

· **7 장** ·

두뇌 발달을 위한
정신교육

목표 의식

두뇌가 발달하는 데는 목표 의식이 절대적인 영향력을 미친다. 한 사람의 두뇌 발달은 목표 의식이 얼마나 구체적인지 여부와 실행 여하에 따라 변수가 많다. 목표 의식이 희미한 사람과 뚜렷한 사람은 두뇌 발달에서 차이가 날 수밖에 없다.

목표 의식이 뚜렷하다는 것은 일생의 목표와 1년 목표, 하루의 목표가 분명하게 정해진 상태에서 실행이 철저하게 진행되는 것을 의미한다.

그러한 의미에서 왕자들의 목표 의식 함양을 위한 왕실의 정신교육은 매우 합리적이고 과학적이었다. 왕자의 정신교육 담당자는 목표 설정법을 따로 정해서 왕자의 교육을 전담하는 시강원과는 별도로 가르쳤다.

왕자가 목표 의식을 가졌는지 알아보는 판단 기준도 있었다.

늘 무기력하고 맥이 없으며 거동에 힘이 없으면 목표 설정이 뚜렷하지 않은 것으로 판단했다. 목표 설정에 대한 교훈으로는 "하루 교육의 목표는 아침 5시에 세우고, 1년 계획은 봄에, 평생교육은 나무를 심는 것처럼 멀리 바라보라"는 공자의 말을 인용했다.

그러나 목표가 뚜렷하지 않은 왕자는 학문에 열의가 없었으며 시강원의 학습도 게을리하며 허송세월했다. 그런 왕자는 왕위 계승권을 얻지 못했다. 반면에 목표가 뚜렷한 왕자는 학문 수련을 비롯한 심신 단련을 게을리하지 않았다. 비록 왕위 계승권을 얻기에는 서열에서 처지지만 목표 의식이 뚜렷하고 실행력을 갖춤으로써 왕위 계승자로 선택을 받았다.

오늘날의 교육적 차원에서 보더라도 그러한 정신교육은 매우 필요하다. 두뇌 발달을 위한 교육뿐만 아니라 장차 국가와 사회에서 핵심적인 역할을 할 인재로서 반드시 갖추어야 할 덕목이다.

실제 성공한 사람들의 삶에서 절대로 뺄 수 없는 중요한 덕목 중의 하나가 목표 의식이다. 그들은 한결같이 뚜렷한 목표를 향해 끊임없이 노력했다. 아무리 힘든 상황에서도 목표가 뚜렷하고 강인한 정신력으로 실행하면 언젠가는 반드시 꿈을 이룰 수 있는 것이다.

의지와 열정

의지와 열정은 두뇌를 활성화시키는 힘이다. 육체적으로 건강해야 강인한 의지를 지닐 수 있으며, 열정은 의지력이 발산되는 힘이다.

그렇기에 목표 의식이 확실하게 정해진 상태에서 의지와 열정이 강하면 두뇌 발달은 매우 빨라진다. 눈빛부터 달라지며 열정은 야망과 결의로 불타게 된다.

왕자들의 정신교육에서 의지와 열정은 학습 수행력과 밀접한 관계가 있었다. 의지와 열정으로 가득한 왕자는 주어진 학습을 끈기 있게 반복하며 책을 끝까지 암송했다. 정신교육에서 목표 의식이 확실한 왕자는 당연히 의지와 열정이 강했으며, 무더운 여름철에도 자리를 뜨지 않고 불퇴전의 열정으로 학습에 임했다. 또한 학습 목표가 달성될 때까지 밤을 지새웠다. 그러한 강한 의지와 열정은 왕위 계승권을 물려받는 우선순위에 속했다.

《조선왕조실록》에 보면 학문에 대한 강한 의지와 열정을 가졌던 왕자는 여러 명 있다. 그중 정조는 어린 시절 유달리 학문에 대한 의지와 열정이 강했다. 어머니 혜경궁 홍씨가 그의 건강을 염려하여 일찍 잠을 재우려 했지만 정조는 몰래 일어나 촛불을 가리고 앉아 책을 읽었다고 한다.

의지와 열정은 실제 교육에서 매우 중요한 요소이다. 강한 의지와 열정으로 학문을 파고들어 그 본질을 탐구하는 지적 욕구와 노력이 정신적인 힘으로 나타나는 것이다.

그래서 의지와 열정이 결여된 왕자는 왕위 계승권을 얻지 못했다. 학습 수행력이 떨어지며 역량이 모자라는 왕자가 왕위 계승권을 물려받지 못하는 것은 당연한 결과이다.

그러한 점은 오늘날의 교육에서도 시사하는 바가 크다. 치열한 경쟁이 요구되는 입시 제도에서는 강한 의지와 열정을 지녀야 한다. 의지가 박약하고 열정이 부족해 공부에 집중하지 못하는 학생은 목표 달성은 물론이고 사회에서 낙오자가 될 수밖에 없다. 왕자들의 정신 교육처럼 뚜렷한 목표 의식에 따른 의지와 열정이 충만해야 꿈을 이룰 수가 있다. 어떤 분야로 진출하든지 꿈을 이루기 위해서는 명확한 선택과 그에 따른 의지와 열정을 불살라야 하는 것이다.

독창적인 창의력

창의성은 다소 엉뚱하고 당돌하면서도 새로움을 추구하는 두뇌 회전력이다. 두뇌가 총명할수록 창의성이 뛰어난데 엉뚱하고 당돌한 것 같으면서도 대범한 면이 있다. 그것은 어떤 측면에서 독창적인 창의력에 속한다. 남들이 생각하지 못한 것을 생각하고 모든 일에 적극적이고 진취적으로 적응해가는 것으로 두뇌의 핵심적인 역량이다. 역사 속에서 위대한 인물들을 찾아보면 그들은 대개 엉뚱하고 당돌하면서도 독창적인 창의력을 지녔다. 그들은 두뇌 발달 과정에서 특별한 관찰 능력과 사고력, 행동력을 지니게 된 것이다.

두뇌 발달에서 창의력이 매우 중요한 요소로 꼽히는 이유는, 창의력은 한 가지 사물에 대해 종합적으로 분석하면서도 정곡을 찌르는 포인트를 찾는 것을 의미하기 때문이다. 왕자들의 정신교육에서 창의력을 가졌는지 판단하는 기준은 엉뚱하고 당돌한 일면이 있으면서도 대범성을 갖추었느냐 하는 것이었다. 왕자가 엉뚱하고 당돌한 면이 없으면 일찍이 왕위 계승에서 탈락되었으며 왕세자 책봉조차 받지 못했다.

왕위 계승권을 물려받을 수 있는 왕자를 선정하는 정신교육의 기준으로, 창의력이 없는 왕자는 남의 뒤만 따르고 남 잘 때 같이 자고 남이 놀 때 같이 노는 보통 사람으로 분류했다. 소심하고 평범해서는 한 나라를 이끌어갈 재목으로 부적합하다고 판단했던 것이다. 매우 합리적이고 과학적인 교육체계이다.

실제 두뇌 발달의 관점에서 어린 시절의 다소 엉뚱하고 당돌한 일면은 매우 바람직한 것이다. 두뇌 발달에서 뺄 수 없는 과정이 호기심이기 때문이다.

두뇌가 발달함에 따라 새로운 것에 대해 끊임없이 호기심이 생기고 거침없이 실행을 하게 된다. 그러나 오늘날 부모들은 대부분 자녀들의 엉뚱하고 당돌한 행동에 대해 제재부터 하려고 한다. 두뇌 발달의 관점에서 자녀들을 이해하고 가르치려 하지 않고 꾸짖거나 혼을 내기 일쑤이다. 그렇게 되면 자녀들의 두뇌 발달은 대개 멈추어진다. 매우 바람직하지 못한 일이다.

자녀가 엉뚱한 질문과 당돌한 행동을 하면 나무라기에 앞서 그들

왕처럼 키워라

의 관점에서 생각해보고 칭찬을 하거나 제대로 알려주는 것이 두뇌 발달에 효과적이다.

결단력

결단력은 목표를 정하면 끝까지 성취해나가며 매듭을 짓는 두뇌의 능력이다.

그렇기 때문에 결단력은 두뇌의 역량이 강한 사람에게서 나타나는 특질로서 보통의 두뇌를 가진 사람들은 대개 결단력이 부족하다. 결단력이 부족할 경우 겉으로 드러나는 현상은 끈기가 없고 판단력이 희미하다. 또한 우유부단하여 어떤 일에도 적극적으로 대처하지 못하고 행동력도 늦다.

왕실에서는 왕위 계승자 선택 기준에서 결단력을 매우 중요시했다. 눈에 총기가 없고 매사에 끊고 맺음이 희미하며 감동도 없고 자극에 반응도 없으며 무표정한 왕자는 왕위 계승권을 얻지 못했다. 매사에 우유부단한 사람은 지도자의 재목으로는 부족하다고 판단했던 것이다. 결단력이 없는 왕자들은 눈에 빛도 없고 희미하며 술에 물 탄 듯 물에 술 탄 듯 주관 없이 허송세월을 보내다가 대개 자기도 모르는 사이에 권력 다툼 속에 휘말려 희생되는 경우가 많았다.

두뇌생리학적 관점에서 볼 때 매우 과학적인 견해이다. 실제 두뇌의 기능이 활성화되면 감각과 사고력이 강화되며 감동은 물론이고 모든 자극에 빠르게 반응한다. 반면에 두뇌의 기능이 저하되면 감동도 없고 무표정하며 무반응하는 멍한 상태가 나타난다.

따라서 두뇌 발달을 위해서는 오감이 민감하게 작용하도록 하여 자극에 대한 반응을 빠르게 하고 감동을 느낄 수 있는 감성을 함양해야 한다. 두뇌는 외부의 자극과 내부의 끊임없는 욕구와 갈등, 정신적인 고통을 통해서 성장하고 발달한다.

《조선왕조실록》을 보면 성군들의 공통적인 특징은 그들이 왕위에 오르기 전 과정이 순탄치 않았음을 발견할 수 있다.

예를 들면, 태종의 셋째 아들로 태어나 적장자가 아닌 왕자의 신분에서 왕세자가 된 세종과 미천한 무수리의 몸에서 출생한 영조, 아버지 사도세자의 처참한 죽음을 겪은 정조 등은 치열한 고통 속에서 두뇌 에너지를 최상으로 끌어올려 큰 업적을 남겼다.

결단력은 두뇌의 역량이 종합적으로 나타나는 매우 중요한 정신력이다.

두뇌 발달을 위한 정신교육

그러한 점은 오늘날 자본주의의 꽃으로 불리는 CEO의 최고 덕목이 결단력인 것을 보아도 쉽게 알 수 있다. 그렇기 때문에 오늘날의 교육적 관점에서는 왕위 계승권을 얻는 중요한 덕목에 해당하는 끈기와 결단력을 중시하는 것이 바람직하다.

자녀가 우유부단하거나 자신감이 없는 경우에는 특히 끈기와 결단력을 길러주기 위한 세심한 배려가 필요하다. 대개 그런 어린이들은 남들 앞에 나서기 힘들어하며 자신의 생각을 제대로 전달하지 못한다. 그럴 때는 부모가 지속적인 관심과 애정을 갖고, 체계적인 교육 프로그램으로 두뇌의 능력을 강화시키는 데 중점을 두어야 한다.

· 8 장 ·

조선의 왕자 교육과
유대인 천재 교육

유대인 천재 교육의 비결

현재 미국의 인구 중에서 유대인의 비율은 2% 미만이다. 하지만 하버드 대학을 비롯한 미국의 명문 대학 교수진의 약 30%가 유대인이다. 또한 최근의 통계에 따르면 노벨상 수상자의 약 22%가 유대인이나 유대계의 학자들이 차지하고 있다. 미국 내 모든 직종의 상위계층은 유대인이라는 것이다.

참으로 놀라운 일이다. 그뿐이 아니다. 유대인들은 저마다 자신의 능력을 최대한 살려서 성공을 거두는 방법을 잘 알고 있다고 한다.

이러한 유대인의 실력은 어디에서 나오는 것일까?

과연 유대인의 유전자가 뛰어나서 타고날 때부터 머리가 우수하기 때문일까?

당연히 그렇지는 않다. 그들은 어려서부터 유대인 특유의 천재 교육을 받는다. 민족의식을 지니고 살아가는 것을 배우며 가정이나 학교에서 두뇌의 기능을 충분히 발휘하는 방법을 배운다.

유대인 인재가 배출되는 비결은 어릴 때 받는 교육에 있다.

실제 유대인은 육아, 교육, 가족 관계에서 그들만의 사고방식과 방법론을 지니고 있다.

유대인의 육아법과 교육법에는 다른 민족과 구분되는 특별한 점이 있다. 독특한 조기교육을 시켰으며 두뇌 발달을 위한 교육적 환경을 조성하여 두뇌의 기능을 최대화하도록 교육시킨다.

그들은 어린이 교육의 기본적인 목표가 지혜와 지식을 심어주는 것이라고 생각하며 최선을 다해 교육을 시킨다.

유대인이 뛰어난 것은 선천적으로 두뇌가 좋기보다는 후천적인 교육의 효과인 것이다.

그것은 유대 5000년 박해받는 역사를 통해 축적되어온 독특한 생존방식에서 비롯되었다. 지혜와 지식이 결집된 《탈무드》의 방대한 체계와 선민의식이 결합된 그들만의 교육체계가 천재를 양성한 것이다.

따라서 유대인의 천재 교육 비결은 유대인의 육아법과 《탈무드》에 담겨 있다. 유대인의 어머니는 《탈무드》를 교본 삼아 아이들에게 지식과 지혜를 심어주는 독특한 조기교육을 시키며 두뇌를 발달시켰던 것이다.

조선 왕실과 유대인
육아법의 공통점

왕자들의 조기 영재 교육과 유대인 천재 교육은 어떤 연관성이 있을까?

그 두 개의 이질적 문화에서 교육방법이 서로 연관성이 있다고 생각하는 사람은 드물다. 전혀 상관없다고 생각하는 사람이 많을 것이다.

그러나 교육에 관심이 있는 사람이라면 조기교육이라는 측면을 빠르게 떠올릴 수 있을 것이다. 왕자들의 특수한 교육과 선민의식을 가진 민족의 특수한 교육이라고 전제하면, 어딘지 유사성이 있음을 추론할 수 있을 것이다.

필자는 오래전부터 유대인의 지혜가 담긴 《탈무드》를 읽었고 유대인 천재 교육을 연구해왔다.

그러다 궁중 왕자들의 조기 영재 교육을 연구하며 그 둘의 교육방식이 유사성이 많다는 것을 발견했다.

그 둘의 교육방식은 역사를 비롯한 문화와 민족이 다름으로 인해 분명한 차이점이 있다. 그러나 대국적 관점에서 보면 많은 유사성이 있다는 것은 놀랄 만한 일이다.

한때 세계에서 최고의 두뇌를 지닌 민족으로 유대인과 한민족이 꼽힌 적이 있다. 필자는 왕자들의 조기 영재 교육을 연구하며 그런 말들이 허구가 아니었음을 확인할 수 있었다.

왕자들의 조기 영재 교육의 결과를 생각해보면, 뛰어난 왕자가 성군이 된 비율은 매우 높았다. 실제 조선의 왕들은 매우 뛰어난 두뇌의 소유자가 많았다. 하지만 조선의 통치 이념이 유교였고 신권중심의 정치제도였기 때문에 조선 후기, 정조 이후부터 왕자 교육을 제대로 받지 못한 어린 왕이 패망의 길로 치달았지, 정규교육을 받은 왕자들은 모두 뛰어났다. 그러한 관점에서 볼 때 왕자들의 조기 영재 교육은 유대인의 천재 교육보다 훨씬 우수한 것이었다.

구체적으로 살펴보면 조기 영재 교육과 유대인의 천재 교육의 가장 깊은 유사성은 육아법에 있다. 그 육아법들은 공통적으로 조기교육이며 동시에 두뇌 발달의 비결을 담고 있다. 또한 심신단련을 비롯한 풍부한 감수성, 인간관계, 문제해결을 위한 능력배양, 올바른 생활습관의 배양 등이 동일하다. 교육방법도 구체적이고 조직적이며 매우 실천적인 것으로서 두뇌를 발달시킨다는 점에서 동일한 목적과 효과가 있다.

유대인의 육아법을 살펴보면, 왕자들의 조기 영재 교육이 지니고 있는 특성과 유사성을 발견할 수 있다. 지적영역, 정서 교육, 뜻을 길러주는 의지의 영역, 예절교육까지 조선 시대 왕자의 조기 영재 교육과 너무나 흡사하다. 구체적으로 두뇌 발달을 촉진하는 지(知), 정(情), 의(意)에 대한 세부적인 교육법까지 일치한다. 그 두 개의 교육법은 일찍이 높은 수준의 교육을 받게 하고 소질과 잠재력을 최대한 개발할 수 있도록 하는 영재 교육이었고 나아가 천재 교육으로 발전하게 된 것이다.

따라서 그 두 개의 교육법을 자세히 비교분석하여 오늘날의 조기 영재 교육이나 천재 교육에 활용한다면 매우 도움이 될 것이다. 더욱이 세계적으로 가장 많은 사교육비를 들이는 우리나라 교육체계에서는, 참신한 교육방법론을 찾을 수 있는 좋은 계기가 될 것이 분명하다.

지식 함양 교육

지식에 대한 체계적인 교육은 왕자의 교육과 유대인의 교육에서 가장 우선적인 덕목이다. 왕자 교육에 대한 왕실의 배려는 전폭적이었다. 또한 교육의 중요성은 원자의 교과서인 《소학》에 나와 있는 그대로 '어렸을 때부터 학문적 교양 쌓기'가 강조되었다.

유대인의 교육에서도 지식에 대한 중요성은 매우 강조된다.

유대인의 어머니들은 예외 없이 '교육하는 엄마'들이다. 영어의 '유대인 엄마(Jewish mother)'란 말은 여러 가지 의미가 있지만 그중 하나가 '어린이들에게 학문의 필요성을 귀 아프게 들려주는 극성스런 어머니'라는 뜻이다. 유대인 엄마는 아이들 교육을 당연한 의무라고 생각하며 지식 함양을 통해 지혜를 갖도록 최선을 다한다.

지식 함양에 대한 왕자 교육과 유대인 교육의 유사성을 구체적으로 살펴보면 의외로 우리나라 교육 현실과 비슷하거나 배울 점이 많다.

1. 아이가 세 살이 되면 공부를 시켜라

유대인의 천재 교육

구약성서에 "세 살 버릇 여든까지 간다. 마땅히 따를 길을 어려서 가르쳐라"(잠언 22장 6절)라는 구절이 있다. 유대인은 그 구절을 교훈 삼아 "유대인은 아이가 세 살이 되면 하나님의 말씀을 가르쳐라"라는 교육의식을 지니고 있다.

그들이 말하는 하나님의 말씀은 성경을 생활 방식으로 해석하고 정립하는 것뿐 아니라, 교육적 차원으로 끌어올리는 것까지를 포함한다.

유대인의 어린이를 위한 성경공부는 종교상의 경전으로서가 아니다. 하나의 역사적·문화적 국민과목으로 기초지식으로 가르치는 것이다.

그들은 교육의 의미를 누구보다도 잘 알고 있었기 때문에 조기교육을 실행하는 것이다. 실제 유대인의 모든 가정에는 《탈무드》라는 지혜를 가르치는 교재가 있고 그 가르침에 따라 지혜를 심어주는 교육을 한다.

유대 민족의 위대함은 교육에서 나왔다고 보는 견해가 지배적인데는 그만한 이유가 있다. 그들의 자녀들은 세 살부터 조기교육을 받으며 가정에서부터 영재가 되는 교육을 받기 때문이다. 그러한 점을 깊이 분석해보면 한 가지 뚜렷한 사실이 드러난다.

그들의 위대함은 선천적으로 머리가 좋아서가 아니라, 천재 교육을 하기 위한 오랜 문화와 전통이 있고 그에 맞게 특수한 교육을 시킨 결과라는 것이다.

20세기의 비약적인 세계 문화발전은 유대인의 창의성이 없었다면 불가능했을 것이라는 말이 있다. 그도 그럴 것이 유대인은 20세기 전 세계 인구의 0.3%에 해당하는데 물리학, 의학, 심리학 같은 창의력이 있는 분야에서 유대인 노벨상 수상자는 무려 20%를 점하고 있다는 것이다.

그 비결은 당연히 유대인의 천재 교육에 있다.

현재, 이스라엘에서는 2세·3세·4세짜리들을 위한 예비학교 제도가 있다고 한다. 5세부터 유치원 교육이 이루어지는 것은 다른 나라와 같지만 더 이른 조기교육이 실행되고 있는 것이다.

왕자의 영재 교육

조선 시대의 왕자는 세 살부터 공부를 시작했다.

궁중에서는 세 살이면 버릇(습관)이 형성된다고 보았기 때문에 공부를 가르쳤던 것이다. 그러나 왕자 중에서 적장자인 원자의 경우엔 조금 더 빨리 조기교육을 실시했다.

두 살만 되어도 스승을 뽑아야 한다고 왕에게 주청을 올렸다.

왕은 처음에는 한참 성장해야 할 원자가 안쓰럽다고 생각했지만 신하들의 말을 모른 척할 수가 없었다. 왕 역시 원자교육에 대한 욕심이 컸기 때문이었다.

당시는 양반집에서도 세 살부터 자제들에게 공부를 시켰다. 세 살이면 공부를 시작할 수 있다는 것은 속담으로도 알 수 있다.

"세 살 버릇 여든까지 간다"라는 말이 의미하듯 세 살을 평생을 좌우할 습관이 형성되는 시기로 보았던 것이다.

《조선왕조실록》에는 왕자들의 조기교육 결과에 대해 구체적으로 서술되어 있지 않지만 세종과 정조 등의 천재적인 학습 능력이 기록되어 있는 것으로 보아 그 효과는 매우 좋았음을 추측할 수 있다.

왕자들의 조기교육에서 또 한 가지 특기할 만한 점은 한자로 된 교재인 《천자문》으로 공부를 시작한다는 점이다. 뜻글인 한자를 공부하고 소리글인 언문을 공부하는 이러한 학습방법은 언어능력을 습득하는 현대의 조기 영재 교육과 매우 일치한다. 한자는 글자와 소리가 달라 외국어를 배우는 것과 같은 효과가 있어서 자연스럽게 조기 영재 교육이 되었던 것이다.

최근에 와서야 사회적으로 조기 영재 교육 붐이 일고 있지만 대체로 세 살부터의 체계적인 교육은 긍정적이라고 할 수 있다. 또한 현대 과학으로 볼 때 세 살은 뇌의 발육이 완성되는 시기이기 때문에 조기 영재 교육은 매우 바람직하다고 보아야 한다.

2. 잘 '듣는' 것보다 '말하는' 것이 더 중요하다

유대인의 천재 교육

유대인의 속담에 "내성적인 어린이는 배우지 못한다"라는 말이 있다.

내성적인 어린이가 열등하다는 뜻이 아니라, 내성적이어서 사람들 앞에서 발표도 못하고 얌전하게만 있으면 학문을 익히는 데 어려움이 있다는 뜻이다. 유대인의 교육에서는 어린이들이 질문을 자주 하는 습관을 들이는 것을 중시한다.

유대인 어머니는 아이들에게 이렇게 말한다고 한다.

"궁금한 게 있으면 꼭 선생님에게 물어봐야 해."

우리나라의 어머니들은 어떻게 할까?

"선생님 말씀을 잘 들어야 해."

우리나라 사람들이라면 많이 들어본 말일 것이고 그렇게 말하기도 했을 것이다.

왕처럼 키워라

유대인의 지혜가 담긴 《탈무드》에는 배움에 있어 듣는 것보다 말하는 것이 중요하다는 것을 구체적으로 밝히고 있다.

"교사는 혼자서 떠들어서는 안 된다. 만약 학생이 잠자코 듣기만 한다면 여러 마리의 앵무새를 길러낸 것에 불과하기 때문이다. 교사가 가르치면 학생은 그것에 대해 질문해야 한다. 교사와 학생 사이에 가르침과 질문이 활발할수록 교육효과는 커진다."

두뇌 발달의 관점에서도 질문을 할 줄 알아야 두뇌가 활성화된다고 한다. 모르는 것을 창피하게 생각하고 질문을 회피하면 두뇌 발달은 느려진다는 것이다.

그러한 면에서 볼 때, 유대인의 교육에서 '듣는' 것과 '말하는' 것은 단순한 교육이 아니라 두뇌를 활성화하며 배우는 사람이 독자적 지식체계를 만들어낼 수 있는 방법인 것이다.

왕자의 영재 교육

왕자의 교육에서도 듣고 말하는 방식을 중요하게 여겼다.

시험은 스승과 제자가 질문과 답변을 주고받는 형식으로 치러졌다. 특히 왕세자의 교육에서 듣고 말하는 방식은 더욱 중요한 의미를 지녔다.

세자가 강의를 받는 동안 모르는 내용이 나오면 질문을 했는데, 듣고 말하는 시간을 반드시 가졌다. 또한 특수한 교육방법의 하나로, 원자의 경우 가끔 '회강'이라고 하는 발표회를 가졌다. 왕과 스승들이 모두 참석한 자리에서 묻는 말에 원자가 대답을 잘하면 왕은 스승들에게 차와 음식을 대접하며 칭찬을 했다.

왕자의 교육에서 듣는 것보다 묻는 것을 중시한 것은 《조선왕조실록》에 보면 구체적으로 나와 있다. 성종이 세자의 교육에 대해 대신과 의논할 때, 대신 한 명이 성종에게 세자 교육에서 묻고 답하는 방식이 바람직하다고 주청하는 구절이 있다.

"배우는 자는 비록 스승에게 수업을 받더라도 반드시 친구들과 더불어 주제를 논하고 토론한 연후에 이치를 깨닫습니다. 그렇기 때문에 세자의 스승으로 하여금 세자와 더불어 가르치며 질문하고 토론하게 해야 합니다. 그러다가 세자께서 풀기 어려운 것이 있으면 다시 서로 주제를 논하면서 숨겨진 의미와 깊고 오묘한 이치까지도 모두 정밀히 해석하여, 세자로 하여금 이해하고 통하시도록 하여야 하옵니다."

그렇게 말하자 성종이 말했다.

"맞는 말이다. 그 아뢴 바를 세자의 스승에게 전하도록 하라."

주제를 정해 듣고 말하는 것을 중시한 교육법을 채택하여 그대로 실행하게 한 기록이다.

조선 시대 14대 왕이었던 선조는 어린 시절에 남들이 생각하지 못하는 것들이나 엉뚱한 질문을 많이 한 것으로 유명하다. 어린 선조는 스승들조차 명확한 대답을 하지 못할 정도로 질문을 많이 했다고 한다.

이처럼 왕자 교육에서 듣고 말하는 방식의 교육법을 무척 중시했다는 것은 《조선왕조실록》 여러 군데에 언급되어 있음을 발견할 수 있다.

3. 몸보다 머리를 쓰는 법을 가르쳐라

유대인의 천재 교육

유대인은 몸을 움직이기보다 머리를 써서 두뇌의 기능을 발휘하도록 교육을 시킨다.

유대인 어린이가 부모에게 늘 듣는 말 중에 하나가 "머리를 써라"라는 말이라고 한다. 그래서 유대인은 어린아이를 때릴 때 절대 머리를 때리지 않는다. 두뇌에 대한 의식이 철저하기 때문에 머리를 잘못 때려 뇌에 무슨 장애가 생길까 두려워한다는 것이다.

반면에 우리나라의 어른들은 아이들이 잘못하면 이런 말을 한다.

"머리를 한 대 쥐어박을 거야"라며 엄숙하게 경고한다. 그리고 실제 잘못하면 머리를 때린다. 참으로 대비되는 모습이다.

유대인이 머리를 쓰라고 교육시키는 것은 구체적인 방법을 찾게 하기 위함이다. 예를 들면 유대인의 속담에 이런 말이 있다.

"물고기 한 마리를 주면 하루를 살 수 있다. 하지만 물고기를 잡는 방법을 가르치면 평생을 살 수 있다."

물고기를 지식으로 비유해볼 때, 실용적인 지식을 의미하는 것으로 이해될 수 있다.

유대인의 머리쓰기 교육은 두뇌를 발달시켜 창의적이고 실용적인 방법을 찾아낼 수 있도록 평소에 꾸준히 훈련시키기 위해서이다.

왕자의 영재 교육

왕자들은 3세부터 교육시키며 머리를 활용하도록 가르친다.

천자문을 암송하고 모르는 글자를 묻게 하며 다양한 방법으로 머리를 쓰도록 유도한다.

모든 교육과정은 머리를 활용하고 훈련하도록 짜여져 있는데, 왕자들의 경우 육체적 노동과는 처음부터 무관하다.

특히 왕세자에게는 머리를 써서 일하는 것을 정규과정에서 심도 있게 교육시켰는데, 왕의 후계자로서 정치실습, 군사실습, 농경실습을 했다.

정치실습은 왕을 대신하여 나랏일을 돌보는 대리청정을 했다. 군사실습은 강무를 통해서 했는데, 강무는 왕이 해마다 신하와 군사들을 이끌고 군사훈련과 사냥을 하는 행사로 왕자도 참석했다.

농경실습은 '친경례'와 '관예례'를 통해 했다.

'친경례'는 왕이 쟁기로 밭을 갈면서 백성들에게 모범을 보이는 의식이었고 '관예례'는 낫을 들고 추수를 해 보이는 의식이었다. 왕세자 또한 그 의식에 참석하여 실습을 했다.

조선 시대 왕자의 머리쓰기 교육의 결과는 발명품으로 나타났다. 세종대왕의 해시계와 한글창제, 문종의 측우기발명 등은 유명하다.

4. "지혜에 뒤지는 자는 모든 일에 뒤진다"는 격언을 가르친다

유대인의 천재 교육

유대인은 역사적으로 수없이 많은 박해를 받았다.

생존을 위협받는 고난을 통해 그들은 위기를 극복할 수 있는 지혜를 최고의 가치로 여겼다. 유대인의 격언에 이런 말이 있다.

"만일 살아남고 싶다면 본능을 충족시키는 것만으로는 부족하다. 당신은 지혜를 갖추어야만 살아남을 수 있다."

《탈무드》에는 유대인의 유일한 재산은 곧 지혜라는 점을 몇 가지 우화를 들어 설명하고 있다.

실제 유대인들은 "지혜에 뒤지는 자는 모든 일에 뒤진다"는 격언에 따라 지혜를 얻기 위해 끊임없이 노력한다고 한다. 지혜가 있는 자는 어떠한 어려운 상황에서도 그 어려움을 극복해낼 수 있기 때문이다. 그래서 유대인의 교육에서는 어린이들이 지혜를 갖도록 하는 데 중점을 두고 있는 것이다.

왕자의 영재 교육

왕자의 교육에서 지혜는 실제 상황에서 살아남기 위해 반드시 필요한 것이었다.

궁중의 생활은 오늘날의 생존경쟁 현장과 비교할 수 없을 만큼 비정했다. 조선조 개국 초기에 태조 이성계의 아들 방원은 왕자의 난을 일으켰다.

태조의 왕위 계승자 선정에 불만을 품은 방원이 형제들을 몰살시켜버린, 피바람을 불러일으켰던 사건이다. 그 후에도 왕족이나 왕자들의 삶은 결코 안전하지 않았다.

신권중심의 정치제도에서 살아남기 위해 왕자들의 지혜 즉, 뛰어난 경륜이 절실히 요구되었다.

왕자들은 어떤 문제가 발생했을 때 해결점을 찾아낼 수 있도록 경륜을 쌓는 공부에 중점을 두었다. 그래서 왕자 교육에서는 지혜를 기르기 위해 사서오경을 비롯한 제자백가의 사상을 두루 공부하게 했다.

《조선왕조실록》에 실린 조선조 왕들의 어록을 보면 지혜롭게 생각하고 결정하며 행동한 면모를 발견할 수 있다. 그것은 어린 시절부터 왕자 교육을 통해 경륜을 익혔기 때문에 가능한 일이었다.

5. '배움의 즐거움은 꿀처럼 달다'는 것을 반복 체험시킨다

유대인의 천재 교육

유대인들은 배움은 늘 즐거운 것이라고 교육받아왔다.

그들은 배움을 통해 장차 나아갈 길을 개척하고 지식의 체계를 세운다는 것을 즐겁게 생각한다. 심지어 학교에서도 공부란 '달고도 맛있는 것'임을 어린이들에게 심어주려고 노력한다.

이스라엘의 초등학교에서는 신입생의 첫날 수업시간에 공부의 달콤함을 가르친다고 한다.

선생님이 신입생 앞에서 히브리어의 알파벳 22자를 써 보이는데, 손가락에 벌꿀을 묻혀 알파벳을 쓰며 이렇게 말한다고 한다.

"지금부터 여러분들이 배우는 것은 모두 이 22자에서 출발하며 그것은 벌꿀처럼 달고 맛있는 것이다."

유대인의 교육에서는 배움이 달콤하다고 인식시킴으로써 공부를 하는 기쁨을 느끼도록 하는 것이다. 우리나라의 의무적인 교육에 비

조선의 왕자 교육과 유대인 천재 교육

하면 매우 합리적이면서도 바람직한 교육법이다.

왕자의 영재 교육

《논어》의 제1편 '학이(學而)'의 첫 구절에 "학이시습지(學而時習之) 불역열호(不亦說乎)"라는 구절이 있다. "배우고 때때로 익히니 기쁘지 아니한가?"라는 뜻으로 배움의 기쁨을 의미하고 있다. 왕자 교육에 서도 매우 강조하는 구절이다.

왕자 교육에서는 유대인의 교육에서보다 배움의 달콤함을 더 자 연스럽게 인식시킨다. 왕자들은 수업을 하기 전에 조청을 두 숟가락 씩 먹었는데, 머리가 맑아지게 하면서도 배움의 달콤함을 느끼게 하 는 효과가 있었다.

배움과 달콤함의 깊은 관련성은 현대 과학적 관점에서 보아도 근 거가 있다. 달콤한 맛은 두뇌를 발달시키는 효과가 있는 것으로 밝혀 졌기 때문이다.

그런데 그 옛날부터 공부와 달콤한 맛의 관계를 연결시킬 수 있었 던 유대인의 교육과 왕자의 교육에서 보여주는 지혜는 참으로 놀라 운 일이 아닐 수 없다.

왕처럼 키워라

6. 권위 있는 아버지는 자녀의 정신적 기둥이다

유대인의 천재 교육

유대인 사회는 엄격한 부계 사회로서 아버지의 권위가 대단히 강하다.

《탈무드》에서 부모가 등장하면 반드시 아버지가 먼저 나오며, 어머니만의 이야기가 나오는 것은 불과 한 군데밖에 없을 정도이다.

아버지라는 말은 히브리어로 '교사'를 의미하는데, 그래서인지 유대인 가정에서는 아버지의 권위가 절대적이어서 거역을 할 수 없다고 한다.

심지어 아버지의 의자에는 자녀들이 함부로 앉을 수가 없고 어머니는 아버지를 지도자로 존경하며 최종 결정권을 위임한다.

이런 환경에서 자녀들은 가정에서 아버지의 권위를 인정하고 존경과 신뢰를 보낸다. 또한 어린이들은 늘 이상적인 아버지상을 추구하면서 인격형성을 해나가게 된다. 유대인의 교육에서 아버지의 권위는 어린이를 정신적으로 안정시키며 성장시키는 요인이 되는 것이다.

왕자의 영재 교육

왕자들의 아버지인 왕의 권위는 절대적인 것이었다.

유교를 통치 이념으로 하는 조선 시대는 부계 사회 문화권 중에서도 특히 아버지의 권위가 강조되었다.

왕은 왕자들에게 엄격하게 교육을 시켰으며 스스로 권위를 지켰다. 특히 궁중에서 권위를 지키는 것을 체통이라 하여 매우 중시했다. 군사부일체라는 말에서 알 수 있듯 아버지라는 말 속에는 스승의 의미가 내포되어 있었다.

그러나 왕자들 교육에서 왕은 사적으로는 따뜻하게 대하는 면이 있었으며 가족관계 속에서는 충효사상을 바탕으로 긴밀한 유대를 가졌다.

왕자의 교육에서 아버지의 권위는 역사적인 사실로 살펴볼 때, 후대에 영향을 미친 것으로 나타난다. 강한 통치력과 권위를 지녔던 왕의 후계자로서 왕자가 보위에 오를 때, 대개 막강한 권위를 유지했던 것으로 확인된다.

예를 들면, 태종의 강한 통치력과 권위를 통해 세종이 뛰어난 업적을 쌓을 수 있었으며 영조와 정조의 황금시대를 보면 연관성이 있음을 알 수 있다. 따라서 교육적 측면으로 볼 때, 아버지가 모범을 보이며 권위를 유지하는 것은 자녀의 정신과 성장을 위해 매우 의미 있는 일이다.

7. 배운다는 것은 배우는 자세를 따르는 것으로부터 시작된다

유대인의 천재 교육

유대인은 책읽기를 좋아하며 아이들이 독서하는 자세를 자연스럽게 따르도록 교육시킨다.

《탈무드》에 "돈을 빌려주는 것은 거절해도 되지만 책을 빌려주는 것은 거절해서는 안 된다"는 격언이 있다.

이는 유대인들이 얼마나 독서를 좋아하는지 단적으로 보여주는 말이다.

유대인의 가정에서는 자녀들에게 늘 《탈무드》를 읽히기 때문에 학문 분야에서 석학이 배출되는 것이다. 유대인 가정에서 아버지는 전용 의자와 책상, 책꽂이가 있을 만큼 권위를 인정받으며 아버지 또한 자녀에게 귀감이 될 만한 아버지상을 지니려고 노력한다.

유대인들이 자녀들에게 배우는 자세를 따르게 한다는 점은 우리나라의 아버지상과 매우 다르다. 우리나라의 아버지가 책상 앞에 앉아 있는 모습은 찾아보기 힘들기 때문이다.

앞으로 천재 교육을 꿈꾸는 아버지라면 유대인의 아버지상을 본받아야 할 것이다. 아버지가 자녀들에게 평소 배우는 자세를 보여주는 데는 매우 중요한 교육적 측면이 있다.

그렇게 되면 자녀가 자연스럽게 그 자세를 따르는 교육적 환경이 조성될 수밖에 없을 것이다.

왕자의 영재 교육

조선 시대 때는 하루에 세 번 유교경전을 공부하는 '경연'을 열었다. 학문 수준이 높은 신하들이 왕에게 경연에 충실할 것을 권장하여 왕도의 덕화를 기대했기 때문이다. 당시 그들은 왕이 '경연'을 통해 좀 더 훌륭한 정치를 펴주길 바랐으며 왕에게 성실히 임할 것을 누누이 간청했다.

이러한 전통은 왕자의 교육에 지대한 영향을 미쳤다. 왕자는 아버지인 왕의 배움의 자세를 따르지 않을 수 없었던 것이다.

왕은 저녁이 되면 상소문을 읽거나 '만기지가'라고 해서 책을 읽었다. '만기지가'라는 말은 "만 가지 일을 처리하는 여가에 책을 읽는다"는 뜻으로 책읽기를 매우 중시했음을 알 수 있는 대목이다. 왕자는 자연히 왕의 배움의 자세를 따르게 되었다. 왕에게 학문은 선택이 아니라 필수였다.

조선 시대에 학문이 뛰어난 세종, 정조 등의 왕이 배출된 것은 결코 우연이 아니다. 그들의 아버지에게서 학문하는 자세를 배우고 익혔기 때문에 가능했던 것이다.

8. 배우기를 중단하면 20년 배운 것도 2년에 잊는다

유대인의 천재 교육

유대인들은 "현인은 없고 현명하게 공부하는 사람만이 있다"라는 말을 자주 사용한다.

같은 맥락에서 '사람은 평생 배우도록 만들어진 것'이라는 의식이 그들의 기본적 사고방식이며 신념이기도 하다. 그들은 아무리 지혜가 있는 사람일지라도 배움을 중단하면 안 된다고 생각한다. 배움을 중단하면 그때부터 바로 그간 배운 것을 모두 잃고 만다고 생각하는 것이다.

"20년 걸려서 배운 것을 2년에 잊는다"는 말도 그만큼 배움을 소중히 해야 한다는 의미이다. 즉, 현인(賢人)과 우인(愚人)이 따로 있는 것이 아니고 '배우는 사람'과 '배우지 않는 사람'만이 존재한다고 생각하는 것이다. 그래서 유대인은 학문에의 열정을 평생토록 지속하는 것을 대단히 자랑스럽게 여긴다.

왕자의 영재 교육

왕자의 교육에도 '학문은 절대 중단하지 말라'는 지침이 있다.

왕자들에게 3세 때부터 조기교육을 시키는 것은 물론이고 학문을 하는 것을 생활이 되게끔 했다. 유교 문화권에서는 학문은 평생 하는 것이었기에 자연히 왕자의 교육에서도 그렇게 인식되었다.

실제 왕자의 교육은 평생교육의 차원에서 이루어졌다. 왕자는 아버지인 왕이 매일 학문을 연마하는 모습을 보고 학문은 절대 중단하지 않고 정진해야 하는 것으로 받아들였을 것이다. 《조선왕조실록》에 보면, 군사를 표방했던 두 국왕 영조와 정조가 학문에 대단한 열의를 보였던 기록이 있다. 영조는 왕세자가 된 후 죽을 때까지 한 번도 손에서 책을 놓지 않았으며, 정조는 개인문집으로 《홍재전서》 총 184권을 남겼는데, 상당한 수준을 갖춘 대학자였다. 정조는 문화정치를 표방하며 평생 학문을 익혔기 때문에 당대 어느 학자도 뛰어넘을 수 없는 지적 수준을 갖춘 것으로 유명하다.

정서적 안정 교육

교육에서 정서적 안정이 절대적으로 필요하다는 것은 주지의 사실이다.

인간의 감정과 감성이 교육에 실질적인 영향을 미친다는 것은 이미 과학적으로 증명되었다.

일반적으로 알고 있는 좌뇌 중심의 IQ(지능지수)의 학습 능력이 아니라, 우뇌 중심의 EQ(감성지수)와 좌뇌 중심의 IQ가 함께 학습과 기억판단 등 고도의 이성적 사고를 구성한다는 것이다.

두뇌를 해부학적으로 살펴보면, 대뇌의 가장 위 대뇌피질에 IQ와 CQ(창의성 지수)의 뇌가 있고 그 밑에 EQ가 있다. 그런데 이들은 각기 떨어져 활동하는 것이 아니라 수많은 회로들로 연결되어 있으며 서로 정보를 주고받으면서 정신과 마음의 움직임을 관장하고 있다. 즉, 우뇌의 EQ가 발달하면 좌뇌의 IQ와 CQ가 발달하는 것이다.

그것은 지능, 창조성과 감성은 서로 단절되어 존재하거나 발달하는 것이 아니며, 서로 영향을 미치면서 발달한다는 것을 의미한다.

감성지수가 지능지수를 높이고 감성지수가 높아야 학업성취도가 좋아지는 것이다.

그렇기 때문에 교육에서 EQ는 정서적 안정이란 측면에서 매우 중요한 역할을 한다. 어떤 교육이든 효율성을 높이려면 정서적 안정이 고려되어야 하기 때문이다. 유대인의 천재 교육이나 왕자의 교육에서는 정서적 안정을 특히 중요시하고 있어 그 둘의 교육이 매우 과학적이었음을 알 수 있다.

정서적 안정에 관한 유대인의 천재 교육과 왕자의 영재 교육의 유사성을 살펴보자.

1. 자녀에게 오른손으로 벌을 주었으면 왼손으로 껴안아주라

유대인의 천재 교육

유대인의 가정에서는 자녀가 잘못을 하면 벌을 가하되, 반드시 애정표현을 수반하도록 한다. "오른손으로 벌을 주었으면 왼손으로 껴안아주라"는 유대인의 격언은 벌과 애정을 함께 할 필요가 있음을 표현한 말이다.

또한 유대인은 껴안는 행위를 최고의 애정표현으로 여기며 정서적 안정을 위해 수시로 애정을 표현한다. 벌과 상관없이 그들의 육아법에 따라 정감 어리게 자녀들을 다독이며 정서적 안정을 위해 최선을 다하는 것이다.

예를 들면, 유대인 어머니는 일터에서 돌아오는 길에 '어린이의 집'에 맡겨둔 아이를 찾을 때, 먼저 껴안아준다고 한다. 그들은 수시로 자녀를 껴안고 사랑을 전달하며 정서적 안정을 취할 수 있도록 애정표현을 한다는 것이다.

그러한 정서적 안정에 대한 배려는 유대인 어머니의 높은 교육열에서 나타나는 육아법에서 비롯된 것이다. 세계에서 최고로 교육비 지출이 많은 나라가 어디일까?

한국이나 미국, 일본이 아니라 이스라엘이다. 미국이 GNP의 5.3%, 일본이 3.6%를 교육에 쏟는 데 비하여 이스라엘은 무려 8%나 된다. 그들의 높은 교육열과 감성을 풍부하게 하는 육아법이 천재 교육의 밑바탕이 되는 것이다.

왕자의 영재 교육

왕실에서는 왕자의 정서적 안정을 적극적으로 지원했다.

왕자가 태어나면 보양청을 설치하고 너그럽고 따뜻한 성품을 지닌 유모를 뽑아서 왕자를 보살피도록 했다. 왕자를 돌볼 유모는 엄격한 기준을 두어 뽑았는데, 율곡 이이는 "유모는 반드시 너그럽고 인자하며, 따뜻하고 공손하고 예의바르며 말수가 적어야 한다. 그런 사람을 유모로 골라 자식의 스승으로 삼는다"라고 했다.

왕자의 유모는 왕자를 돌보는 일뿐만 아니라, 좋은 영향을 줄 수 있는 사람이어야 했다. 그래서 인상이 좋고 말수가 적으면서도 언행이 단정한 사람을 유모로 뽑았고 왕자와 유모는 친어머니와 아들처럼 가까웠다. 그리고 왕자의 생모인 왕비나 후궁도 왕자가 성장함에 따라 깊은 사랑을 쏟았다.

왕자의 육아법에서 정서적 안정은 매우 중요한 의미로서 배려되었다.

유대인의 교육과 마찬가지로 왕자가 왕에게 꾸지람을 들으면 왕자의 생모는 왕자를 따뜻하게 다독거렸다. 왕자의 생모는 맹자의 어머니처럼 정성을 다해 사랑을 표현하고 교육적으로 뒷바라지를 했던 것이다.

《조선왕조실록》을 보면 왕자의 정서적 안정은 매우 중요한 것임을 알 수 있다. 냉혹한 정치적 암투나 질투 등으로 왕자의 어머니나 아버지가 목숨을 잃게 된 것을 안 왕자가 왕위에 올랐을 때 극도로 난폭해진 사례가 있기 때문이다.

조선조 제10대 왕인 연산군은 생모 폐비 윤씨의 죽음을 알고 폭정을 하다 마침내 폐위되었으며, 제20대 왕인 경종은 14세에 어머니 장희빈이 사약을 받고 죽어간 것을 알고 엄청난 충격을 받은 후 단명하였다.

이러한 역사적 사실로 미루어보아 교육에 있어 정서적 안정은 너무나도 중요하다는 것을 인식해야 할 것이다.

2. 부모와 자녀의 경계선을 중시한다

유대인의 천재 교육

유대인은 어느 시대에도 부모와 자식 간에는 경계선이 있어야 한다고 생각한다. 어린이는 어린이다워야 부모에 대한 존경을 가르칠 수 있는 것이다. 유대인의 교육에서 자녀와 부모 간의 경계선은 확실히 지켜진다.

예를 들면, 그들의 시각으로는 어린이가 어른처럼 치장하거나 어른 흉내를 내는 것을 인정하지 않는다. 어린이가 어른스러운 옷을 입은 것을 도저히 이해하지 못한다는 것이다.

그들은 부모와 자녀 간에 경계선이 없으면 교육에 막대한 차질이 생긴다고 여긴다. 자녀가 어린이일 때, '미숙한 어른'이 아니라 어른과는 다른 처지에 있다는 것을 확실히 인지시키고 가르쳐야 가정의 질서가 유지된다고 생각하는 것이다.

왕자의 영재 교육

부모와 자식 간의 경계선이 조선 시대 왕실만큼 확실하게 나타나는 곳은 없다.

유교를 통치 이념으로 삼는 나라의 왕자들에게는 그 경계선은 말할 필요가 없을 만큼 뚜렷하다. 충효의 절대적 가치 앞에 어떻게 부모와 자식 간의 경계선이 허물어질 수 있겠는가.

부모와 자식 간의 경계선이란 측면에서 보면, 왕자의 교육과 유대인의 교육적인 시각은 완벽하게 같은 것이다.

그런데 최근 우리나라에서는 그 경계선이 차츰 허물어지는 경향이 있다. 또한 어린이와 어른의 문화적 간격이 점차 좁혀지고, 어린이가 어른 흉내를 내면 재미있게 여기는 이상한 풍토까지 생기고 있는 실정이다.

유대인의 교육은 차치하고라도 전통적인 교육법에 비추어보아도 알 수 있는 것을 왜 그렇게 구분하지 못하고 혼동하는지 도저히 이해할 수 없다.

부모와 자식 간에 경계선이 필요 없다는 생각은 스스로가 아이들에게 가르칠 것이 없음을 인정하는 것이다.

어린이는 어린이답게, 어른은 어른답게, 서로의 영역에서 어린이는 어른을 통해 배우고 어른은 어린이에게 모범을 보이는 풍토가 조성되는 것이 바람직하다.

3. 조부모의 이름을 자녀에게 지어줘 가족의 결속을 깨닫게 한다

유대인의 천재 교육

구약성서에 보면 유대민족의 족보가 나온다. 유대인은 우리 민족과 비슷한 족보가 있고 구약성서에는 특정한 이름이 꼬리를 물고 끊임없이 대를 이어간다.

유대인의 퍼스트 네임(First name) 중에는 야곱, 아브라함, 사무엘, 다윗, 이사야 등 특징적이고도 공통적인 이름이 많다. 이는 유대인의 전통과 성서에서 딴 이름이 대부분이기 때문이다.

유대인들은 할아버지, 할머니, 큰아버지, 큰어머니 등 친족의 이름을 자녀의 이름으로 지어 가족의 결속을 자녀들에게 인식시키고 있다.

유대인의 이름에서 똑같은 이름이 많은 것을 보면 전통을 얼마나 소중하게 여기는지 알 수 있다.

유대인은 자녀가 성장하면 이름을 짓게 된 동기를 설명하고 가족 간의 결속력을 다진다. 또한 이름을 지은 동기를 계기로 하여 성서나 이스라엘의 전통을 언급하며 민족적 자부심이나 자각심을 고취시킨다.

이러한 전통은 뿌리의식을 심어주는 데 매우 유용하다. 민족의식과 집단의식을 강화하여 자부심과 자각심을 고취하는 데 효과적인 것이다.

왕자의 영재 교육

왕실에는 고유한 족보가 있었다.

왕자 교육에서도 씨족의 단합을 위해 족보를 매우 소중하게 다루게 했으며 조상을 기리는 행사에도 빠짐없이 참석하도록 가르쳤다.

왕자들은 선대의 왕들과 조상에게 제를 올리거나 성균관에서 공자에게 제를 올리는 등 종묘사직에 제를 올리는 것을 엄격하게 교육받았다.

조상에 대한 숭배는 예의범절에 속하는 것으로 형식과 절차를 매우 엄격하게 지켰으며 조상의 후손이라는 개념이 생활 속에까지 스며 있었다.

유대인의 교육과 비교해 조상이나 윗대의 위인 이름을 그대로 사용하는 것은 절대로 허용되지 않았지만, 강한 씨족의식과 집단의식 및 뿌리에 대한 교육은 동일했다.

가문의 영광을 위해, 조상의 이름을 더럽히지 않도록 가르침을 받았으며, 가족 간의 일체감을 조성한 점은 유사성이 있다.

4. 삼촌, 숙모 및 사촌형제는 가족의 일원으로 생각한다

유대인의 천재 교육

유대인에게 가족이라는 개념은 부모와 자녀만이 아니라 자녀의 조부모, 삼촌, 숙모 그리고 사촌형제까지 포함한다. 유대인은 자녀 교육에서 가능한 한 세대가 다른 많은 사람과 친밀하게 접촉하는 것이 자녀의 장래를 위해 유익하다고 생각한다.

핵가족제도는 대가족제도에 비하면 확실히 세대 간의 불화가 적고 가족 수가 적어 집의 공간도 충분히 사용할 수 있다. 또한 어머니의 입장에서는 여러 가족 구성원과의 관계에 신경 쓸 필요 없이 육아나 자녀교육에 전념할 수 있다.

그러나 자녀교육에서는 할아버지, 할머니를 비롯한 삼촌, 숙모, 사촌형제 등 부모 이외에 다른 어른들로부터 좋은 가르침을 받을 기회가 적다는 단점이 있다. 지적 자극이 적은 일종의 폐쇄공간이 되어 버리는 것이다.

유대인은 기본적으로 대가족제도를 선호함으로써 자녀교육에 도움이 되게 한다.

부모뿐만 아니라 부모와는 전혀 다른 사고방식을 가지며 다른 직업에 종사하는 어른들과 접촉하게 해서 아이들이 폭넓은 사고를 할 수 있는 기회를 갖게 해준다는 것이다.

왕자의 영재 교육

왕실의 가계는 복잡했다.

종친이라는 특수한 조직이 있었고 가족 간에도 엄격한 신분적 차이가 있었으며 대가족제도였다. 왕자의 경우엔 외척의 세력까지 가세하여 매우 폭넓은 친족관계를 형성했다.

이들 혈연관계는 기본적으로 8촌까지를 가족으로 여겼다.

전통적으로 양반가문에서도 8촌끼리는 한 집에서 살 정도로 가족 개념이 강했다. 이러한 대가족이 모인 공동체 생활을 하면 감성지수와 지능지수가 높아지는 효과를 볼 수 있다.

왕자의 교육에서 대가족제도는 교육적인 면에서 매우 바람직했다. 여러 왕족들과 친밀하게 접촉하는 기회가 많았고 각종 왕실 행사에 참석하여 예의범절을 비롯한 소속감, 유대감, 인간관계를 익히는 좋은 기회가 되었기 때문이다.

5. 선행을 통해 사회생활을 터득하게 한다

유대인의 천재 교육

《탈무드》에서는 선행을 매우 강조한다. 선행에 관해서 자녀들에게 다음과 같이 설명한다.

"처음의 친구는 재산이다. 그러나 아무리 친해도 죽을 때는 가지고 갈 수 없다. 두 번째 친구는 친척인데, 그 역시 겨우 무덤까지 같이 갈 뿐이다. 최후까지 함께 갈 수 있는 친구는 선행이다. 평소에는 눈에 띄지 않지만 죽음 이후에도 남는 것은 선행뿐이다."

유대인은 가난한 사람, 힘겨운 사람에게 선행을 베푸는 것을 재산을 모으는 일이나 친척보다 훨씬 중요하게 여겼다.

유대인의 속담에 "세상은 배우고, 일하고, 자선 행위로 이루어져 있다"는 말이 있다. 제 아무리 배우거나 일을 해도 자선을 잊어서는 세상이 성립되어갈 수 없다는 말이다. 그렇기 때문에 그들은 자선을 어린이에게 가르쳐야 할 사회교육이라고 생각하는 것이다.

유대인들은 어느 가정에서든지 어린이에게 아주 어릴 때부터 조그만 자선용 저금통을 주고 돈을 저금하는 것을 가르친다.

어린이들은 교회에 갈 때마다 자신이 저금했던 돈을 가지고 와서 헌금 함에 넣으며 자선을 의무로 알도록 교육받는 것이다. 자선을 의미하는 히브리어 '체타가'에는 '정의'라는 의미도 있다.

유대인에게 자선은 '정의'라는 뜻 바로 그것인 것으로 이해되고 있는 것이다.

왕자의 영재 교육

왕자의 교육에서 덕을 함양하는 것은 매우 중요한 가치였다.

덕은 크게 나누어 내면적인 덕성과 외부적으로는 선행을 행하는 마음가짐을 의미하는데, 현대적 의미로 볼 때 선행, 자비도 포함된다.

왕자는 백성의 고통을 살필 줄 아는 덕성을 갖추도록 교육받았다. 이러한 덕성 교육은 유아기 때부터 익히도록 하여 자연스럽게 몸에 배도록 했다.

주자가 독서법을 언급하면서 "마음을 깨끗하게 쓸고 닦은 후에 책을 읽어라"고 한 것도 덕성 교육의 중요성을 강조한 말이었다. 경전 공부는 덕성 함양에 중점을 둔 것이었다.

《조선왕조실록》을 보면 왕자들의 이러한 교육은 왕자가 장성하여 장차 왕이 되었을 때, 덕치정치를 펼치려는 노력으로 나타났다. 예를 들면 가뭄이 들면 왕은 검소한 생활을 하며 나라의 행사와 수라상을 간소하게 하는 한편 직접 구제책을 폈다.

백성들이 어려움을 겪을 때 덕을 베풀며 해결하거나 함께 고통을 겪었던 것이다.

의지 강화 교육

의지력을 강화시키는 이유는 배우고 익힌 것을 실행하게끔 하기 위해서다.

의지는 어떤 일에 대한 분명한 태도와 그것에 대한 행위를 결정하는 중요한 지침이 된다. 그래서 아무리 지식과 지혜가 풍부하고 정서적으로 안정되었다고 해도 의지가 강하지 못하면 아무런 의미가 없어진다.

'지식인은 행동하는 양심'이라는 말이 있다.

여기서 행동하는 양심이란 굳건한 의지를 의미한다. 그러한 측면에서 보면 교육에서 가장 중요한 점은 얼마나 올바른 뜻을 지니게 하느냐이다.

유대인의 교육에서 《탈무드》와 왕자의 교육에서 유교경전은 기본적으로 뜻을 바르게 펴는 것을 가르친다. 따라서 의지 강화는 유대인이나 왕자 교육의 기틀이 되는 중요한 덕목이다.

1. 선과 악에 대한 기준이 뚜렷하다

유대인의 천재 교육

유대인의 교육에서 선과 악에 대한 기준은 뚜렷하다.

어떤 상황에 처했을 때, 선과 악에 대한 기준이 뚜렷해야 올바른 판단을 하고 행동을 결정할 수 있기 때문이다.

그들은 그 기준을 가르치기 위해 자녀들을 꾸짖을 때도 명쾌하게 선을 그어 표현한다. 그리고 신앙이 강하지만 자녀들을 꾸짖을 때 '하나님이 노하신다'는 식의 표현은 하지 않는다. 꾸짖는다는 것은 부모와 자녀 사이에 일어나는 당연한 현상으로 보기 때문이다.

거기에는 옳은 일이냐? 그른 일이냐의 기준만이 존재한다.

'꼴도 보기 싫다,' '마음에 안 든다'는 식의 개인적인 감정을 노출시키는 것이 아니라 선과 악에 대한 기준을 세워주는 것이 필요한 것이다.

유대인은 자녀의 잘못에 대해 선과 악을 구별하는 것 이외에 다른 것을 들추어내서 꾸짖는 것은 마땅치 않다고 생각한다.

개인적인 감정이나 애매모호한 표현 등은 개입시키지 않는다. 특히 천성적으로 착한 자녀를 타이를 때는 그 원칙을 반드시 지켜야 한다고 생각한다. 따라서 '하나님은 이런 말씀을 하셨다' 는 등의 다른 요소를 끌어들여서 꾸짖는 것은 삼간다.

현실에 맞게 합리적이고도 명쾌한 기준을 세워 선과 악의 기준을 정립시켜주는 것을 원칙으로 하며 상태를 벗어난 모호한 꾸짖음은 하지 않는 것이다.

왕자의 영재 교육

왕자의 교육에서 유교 경전을 공부하는 것은 필수적이었다.

경전을 암송하여 이해하는 것은 물론이고 사유와 행위의 구심점이 되게 했다.

왕세자의 교육에서 필수 교재로 쓰인 율곡 이이의 저서 《성학집요》에는 선과 악을 구분해놓은 서적의 공부법을 소개했다.

소학(小學)에 대해 "오륜의 도리를 깨우칠 것."

시경(詩經)에 대해 "성정의 올바름과 그릇됨, 선을 칭찬하고 악을 징계하는 것을 느끼고 깨우칠 것."

춘추(春秋)에 대해 "성인이 선한 사람에게 상을 주고 악한 사람에게 벌을 주며 억압하거나 북돋워준 오묘한 뜻을 깨달을 것."

위의 책들을 통해 선과 악에 대한 입장을 구체화하고 있다.

실제 왕자들의 교육에서는 선과 악에 대한 기준이 엄격해 잘못하면 엄하게 질책하였다. 왕세자의 교육에서는 추호의 흐트러짐이 없게 분명한 입장을 표했던 것이다. 이러한 선과 악의 기준은 유교적 관점에서 보면 천리를 탐구하고 마음을 바르게 하며, 자신을 수양하고 남을 다스리는 기준이 되었다.

2. 초인적인 덕보다는 현실적인 덕을 행하도록 한다

유대인의 천재 교육

미국에서 베스트셀러가 된 추리 소설 중에 '랍비 시리즈'가 있다. 유대계 작가 작가 해리 케멜먼이 쓴 《화요일에 랍비는 격노했다》에 다음과 같은 구절이 있다.

"유대인의 종교는 매일매일 의식적으로 선과 정의를 실현하는 일이다. 더욱이 우리들이 구하는 것은 인간적인 덕이지 초인적인 성인의 덕은 아니다."

이 말은 그 소설의 주인공 '데이비드 스모르'라는 랍비가 한 말로서, 선과 정의는 인간이 행하지 않으면 안 되는 것으로 인간의 생존 조건에 속한다는 것이다. 따라서 초인적인 덕보다는 현실적으로 올바른 가치기준을 정립해야 한다는 뜻을 담고 있다.

하느님을 의지하지 않더라도 선과 덕을 실천하며 현실 세계에 착실하게 적응해나가도록 노력해야 한다는 의미인 것이다.

왕자의 영재 교육

유교 사상의 저변에는 덕성이 깔려 있다.

언제나 덕을 기르기를 권장했고 공자의 이상적인 인간상인 군자가 덕을 함양한 사람으로 간주되듯 덕을 주요 덕목으로 꼽았다. 또한 덕을 함양하여 안으로는 수행에 힘을 다하여 인격적 완성을 추구하고 바깥으로는 구체적으로 현실적인 덕을 바르게 펼 것을 주문했다.

유교적 이상주의에서 덕을 함양하는 것은 선택이 아니라 필수적인 사항이었다.

왕세자의 교육에서 필수 교재로 이용된 율곡 이이의 저서 《성학집요》에 덕에 대한 것을 《중용》을 통해 이루도록 공부법을 설명했다.

《중용》에서는 "성정의 덕을 함양하고 사물의 이치를 추구하며, 천지가 제자리에 있고 만물이 길러지는 오묘한 도를 배울 것"이라고 했다.

왕자 교육에서는 중용(中庸)을 통해 마음의 중심을 바르게 세워 덕을 함양하고 행하는 것을 왕실이 지켜온 법도라고 여겼던 것이다.

3. 인간은 내면에 충실하도록 가르친다

유대인의 천재 교육

유대인은 일반적으로 겉모양을 꾸미는 일에는 아주 서투르다고 한다.

"항아리의 겉은 보지 말고 내용을 보라"는 그들의 격언이 그와 같은 사고방식을 분명하게 표현하고 있는 것이다.

이와 같은 사고방식과 생활태도는 인간에 대해서뿐만 아니라 사물에 대해서도 엄격하게 지켜지고 있다.

예를 들면 물건을 살 때도 그 상품의 포장보다는 내용이 중요하다고 어린이들에게 가르친다. 외형적인 장식에 너무 집착하면 내면을 닦는 일을 등한시하기 쉽기 때문에 경계를 하라고 하는 것이다.

실제 유대인은 겉치레를 경멸하고 내면의 충실에 노력하며 겉으로 드러난 명함이나 직함보다는 남에게 인정받을 수 있는 능력을 기르는 것이 더 중요하다고 생각하는 것이다.

왕자의 영재 교육

유교적 사상은 외형보다는 내면의 충실을 특히 강조한다.

유학을 정신수양의 기준으로 삼도록 교육받았고 구체적인 경서공부를 통해 내면의 충실성을 기했다.

왕세자의 교육에서 필수 교재로 이용된 율곡 이이의 저서 《성학집요》에 내면의 충실성에 담은 교재에 공부법이 설명되어 있다.

《대학》에서 "천리(天理)를 탐구하고 마음을 바르게 하며 자신을 수양하고 남을 다스리는 도리를 깨우칠 것."

《논어》에서 "인(仁)을 구하여 자신을 위하여 본원을 함양하는 공을 체득할 것."

이상의 교재들은 내면의 충실을 스스로 구하여 수양할 것을 강조했다.

실제 왕자들에게 내면의 충실성을 채우기 위한 여러 가지 덕목을 가르쳤고 그에 따라 수양을 쌓았던 것이다.

4. 규칙적인 생활 습관을 길러준다

유대인의 천재 교육

유대인 가정에서 자녀는 저녁 때 아버지가 귀가하기 전에 몸을 씻고 옷을 갈아입어야 한다. 그 이유는 아버지가 돌아오면 가족의 단란한 저녁식사가 시작되기 때문에 저녁시간을 효과적으로 사용하기 위해서이다.

이처럼 유대인의 어린이들은 규칙적인 생활을 하도록 철저하게 훈련받는다. 예를 들면, 안식일은 금요일 해질 때부터 시작되므로 아이들은 학교에서 돌아와 서둘러 숙제를 하고 목욕을 한다. 이 모든 일은 해가 짐과 동시에 어머니가 양초에 불을 켜기 전까지 마치도록 해야 한다. 또 봄철의 대축제 유월절에는 절대로 빵을 먹지 못하도록 되어 있는데, 이 축제가 끝나는 기간 7일 동안만은 참아야 하는 의무가 있다.

유대인 어린이는 이런 과정을 통해 시간의 중요성을 자연스럽게 이해하게 된다. 그들에게 있어 시간은 삶의 모든 것이라고 해도 좋을 만큼 가치 있는 것이다. 자신의 짧은 생애 동안 어떻게 하면 보람 있고 효과적으로 살아갈 수 있는가 깊이 생각하는 것이다.

유대인의 교육에서 시간 관리는 공부의 기초에 해당한다.

유대인의 성인식은 13세에 행해지는데, 그때 대개 손목시계를 선물로 주는 이유도 시간을 낭비하지 않는 철저한 사람이 되도록 자녀를 가르치기 위해서이다.

그들은 시간을 능률적으로 사용하는 방법을 아이들이 학교에 입학한 후에 가르치는 것이 아니라, 유아 때에 실생활을 통해 익히게 해준다.

어릴 때의 철저한 시간 관리의 훈련이 능률적인 학습법의 기초가 되는 것이다.

왕자의 영재 교육

왕자의 생활은 언제나 규칙적이다.

아침에 일어나면 먼저 부모님께 인사를 드렸다. 그리고 부모님의 식사를 미리 살펴서 편안한 식사를 하게 한 후에 오전 공부에 들어갔다. 공부는 오전 공부인 조강, 낮 공부인 주강, 저녁 공부인 석강으로 정해져 있었다.

저녁에는 아침과 마찬가지로 부모님의 잠자리를 보살펴드린 후에 식사를 하였다. 그들의 생활은 아주 어릴 때부터 정확하게 짜여 있었고 그에 맞게 생활리듬을 맞추어 시간 관리를 하도록 되어 있었다.

그 당시 왕자의 생활은 백성의 모범이 되어야 했으므로 철저한 규칙에 따라 생활하였던 것이다.

그러한 규칙적인 생활은 왕자들에게 시간을 효율적으로 관리하는 훈련으로 충분했다.

5. 어른 공경을 가르치면 그것이 아이의 장래 재산이 된다

유대인의 천재 교육

유대인의 격언에 이런 말이 있다.

"노인은 자신이 두 번 다시 젊어질 수 없다는 것을 알고 있다. 하지만 젊은이는 자신이 늙는다는 것을 잊고 산다." 이 말은 인생 경험이 풍부한 노인과 경험이 부족한 젊은이 사이에는 인식의 차이로 인한 세대차가 생긴다는 것을 의미한다.

실제 노인과 젊은이는 같은 세상을 살지만 사고에서 많은 차이점을 보인다. 노인은 문화적 전통을 소중히 하며 보수화되고 젊은이는 진보적 의식을 지니기 때문이다. 이러한 차이점은 잘 조화되면 매우 발전적이지만 반목하게 되면 전통과 진취성 모두를 잃게 되는 위험성이 있다.

그러한 점을 유대인은 오래전에 이해하고 교육적 차원에서 문화적 전통을 물이나 공기처럼 여기며 어른 공경을 가르친다. 유대인 어른 혹은 노인들은 전통의 전달자이기 때문에 결코 경멸당하는 일이 없다. 오랜 경험과 지혜를 다음 세대에 전하고 가르치는 것을 항상 마음에 두고 있으며, 젊은이들은 노인의 이야기를 통해 역사와 생활 방식을 배운다.

구약성서에 보면 이렇게 명시되어 있다.

"백발이 성성한 어른 앞에서 일어서고 노인을 공경하여라."

유대인 사회에서는 노인을 공경하는 것이 관습화되어 있어 노인에게 난폭한 언동을 하는 사람은 유대의 전통을 경시한 자라고 여겨 경멸을 당한다. 그래서 유대인 젊은이는 노인에게 공손한 태도로 이야기하는 것으로 존경을 표한다. 그들은 노인을 경험과 지혜가 풍부한 정신적 대상으로 존경한다. 교육적인 면에서 지혜와 충고를 해주는 사람으로 마땅히 존경하는 것이다.

왕자의 영재 교육

공경심과 예의에 대한 교육은 왕자 교육이 세계 최고였을 것이다. 그들에게 있어 예의와 공경은 생활 그 자체였다.

유아기 때부터 노인 공경이 몸에 배도록 예의범절을 가르쳤으며 일상생활에도 적용하였다.

동방예의지국으로서 삼강오륜을 철저히 지키고 생활화했으므로 유대인의 교육보다 한층 더 진지했을 것이다.

왕자 교육에서 《소학》과 《효경》을 통해 인간의 도리를 깨닫게 하고 《예경》을 통해 천지의 이치와 사리에 따라 정해진 제도를 강구하여 몸가짐을 바로 할 것을 가르쳤다.

《소학》 첫머리의 소학서제(小學書題)를 보면 "남의 말에 응대하는 일, 몸가짐의 절도와 부모님을 사랑하고 어른을 공경하며, 스승을 존중하고 벗과 친하는 도리를 가르쳤다"고 편찬의 취지를 밝혀놓았다.

왕자 교육에서도 어른 공경은 가장 중심이 되었다.

예를 들면, 조선조의 영조는 손자인 정조를 가르치기 위해 《어제조훈》이라는 별도의 교재를 만들었는데, 그 책에서 영조가 정조에게 권고한 문장이 나온다. 총 다섯 가지 권고 중에서 첫 번째이자 가장

조선의 왕자 교육과 유대인 천재 교육

중심이 되는 것은 효도와 어른 공경이었다.

"어버이에게 효도하고 어른을 공경할 것"이라고 되어 있으며 그 다음이 학문의 정진, 학자에 대한 존경, 검소한 생활, 간언을 받아들일 것 등이었다.

유교의 충효사상에서 노인 공경은 당연히 지켜야 할 도리였다.

왕자들은 노인 공경을 실천했으며 비록 신분은 높았으나 아랫사람이라도 나이든 사람은 함부로 대하지 않았다.

6. 자녀에게 모든 기회를 통하여 민족의 자부심을 고취시킨다

유대인의 천재 교육

유대인은 선민의식이 있다.

하나님이 선택한 민족이라는 의식이 있으며 그 의식을 통해서 박해를 견디고 강한 힘을 키웠다. 또한 선민의식으로 일체감을 느끼기 때문에 그들은 유대계 위인이 이야기 속에 나오면 아이들에게 "이 사람은 유대인이다"라고 자랑스럽게 말한다.

아이들이 그 사람에게 친근감을 느끼게 하고 그들이 이룬 업적을 보고 유대인으로서 자부심을 갖도록 하는 것이다.

유대인은 가족이 모여서 이야기를 나눌 때면 반드시 유대인 유명 인사를 화젯거리로 삼는다. 그들의 활약상이나 유대인으로서의 자부심을 어린이들에게 심어주기 위해서라고 한다.

이러한 교육으로 인해 유대인은 민족적 일체감과 자부심이 강하게 형성된다. 어린이들은 이야기 속에 나오는 위인이 유대인이라는 것을 알게 되면 그들을 마치 친척처럼 느끼며 본받으려 하게 되는 것이다.

어린이들에게 민족적 우월성과 자신감을 심어줌으로써 그로 인해 장차 어린이들이 성장하여 활발하게 활동할 수 있는 기반을 조성해주는 것이다.

왕자의 영재 교육

우리 민족은 고유의 선민의식이 있다.

단군신화에 보면, 하늘의 천제 환인의 왕자인 환웅이 천시를 열어 단군왕검을 낳아 키워 고조선을 건국했다는 이야기가 나온다. 단군신화는 하늘의 천제의 후손으로 우리 민족이 천손이라는 민족적 긍지를 나타낸다.

단군신화는 역사적인 이야기, 신화로 전해졌고 그러한 전통적 의식과 더불어 왕자들은 어릴 때부터 민족적 자부심과 일체감에 대한 교육을 받았다.

기본적으로 타민족보다 뛰어나고 우월하다는 의식을 지니고 있었고 주변국을 오랑캐, 왜 등으로 구분했다.

단군신화를 비롯한 민족의 이념 등은 물론이고 민족의 우월성은 5000년 유구한 역사에 대한 기본교육은 어릴 때 이야기로 전하거나 책으로 읽혔다.

역사의 전통에 대한 기본교육은 삼국유사나 삼국사기 등의 역사서를 통해 널리 인식시켰고 위인이나 성군, 충신, 열녀, 효자 등의 귀감이 될 만한 것은 책을 통해 익히도록 했다.

우리 민족의 우수성은 수없이 많은 외침에서 승리한 사례나 영웅들의 이야기로 전해졌고 어떤 역사적 사실은 전설이나 설화로 전해졌다.

예를 들면, 바보온달이야기, 을지문덕, 강감찬 등의 위인들에 대한 이야기들이 구전되거나 책으로 읽혀졌다.

따라서 왕자들은 교육적으로 민족적 자부심이 자연스럽게 고취되었던 것이다.

· 9 장 ·

현대인을 위한
궁중 두뇌 건강법

총명탕의 원리

총명탕은 말 그대로 머리를 총명하게 하는 한약이다. 타고난 두뇌
의 기능을 최대화하는 데 그 목적이 있는 한약으로 다른 말로는 청
뇌탕이라고도 한다. 조선 시대의 궁중에서는 총명탕에 대해 관심이
많았다.

왕자들의 과중한 공부에 대한 왕실의 배려가 지극했던 탓이다.

유학의 대가인 주자(朱子)가 공부를 하다가 피곤하고 생각이 떠오
르지 않을 때 복용했다는 '주자독서환'에서 알 수 있듯, 총명탕은 뇌
의 기능과 밀접히 관련되어 있다.

유학을 신봉하던 조선조 궁중에서는 학습방법이 주로 암기를 하
는 것이었기 때문에 총명탕이 절실히 필요했다.

왕자들의 주된 학습법은 유교경전 암송이었다. 천자문을 비롯해 《소학》, 《통감》 등의 기초학습 자료에서부터 사서삼경에 이르기까지 암송해야 할 양은 엄청났다.

기억력이 선천적으로 뛰어난 사람이라도 그 모든 내용을 암송하려면 무척 힘이 들었다. 그처럼 왕자들의 교육에서 암송은 철저하게 이루어져야 했으므로 총명탕에 의지하지 않고는 도저히 학습을 따라갈 수 없었던 것이다. 그렇다면 조선 시대 궁중에서 사용했던 총명탕은 그만큼 효과가 있었을까?

총명탕의 작용 원리를 살펴보면 현대의학에서의 두뇌생리학과 일치하는 부분이 많다. 그것은 참으로 놀라운 일이 아닐 수 없다.

한의학에서의 뇌의 의미는 서양의학에서의 해부생리학적인 개념과 크게 다르다. 한의학에서는 뇌에 사유, 인지, 추리, 판단, 기억 등이 있다고 보지 않았기 때문이다. 한의학 이론의 원문에서 뇌와 관련된 내용을 찾아보면 다음과 같이 씌어 있다.

《황제내경》 '영추편'에 "뇌는 인체의 수(髓)가 모여 있는 곳이다"라고 나와 있다. 그리고 《황제내경》 '소문·오장생성편'에는 "체내의 모든 수(髓-골수)는 뇌에 속한다"고 되어 있어 뇌는 단순히 신(腎)에 속하는 척수(脊髓)의 연장으로 보고 있다.

또한 같은 책 '소문·자금론'에는 "머리에 침을 놓을 때에 뇌로 통하는 구멍에 침이 들어가면 즉사한다"고 하여 뇌의 손상이 생명과

직결된다는 것을 알고 있었다.

　궁중의학의 보고에 해당하는 《동의보감》을 보면, 총명탕의 작용 원리가 결국 뇌와 관련되어 있음을 발견할 수 있다.

　뇌와 관련된 중국의 한의학적 인식으로는 다음 몇 사람의 주요 이론이 있다.

　명(明)나라의 의사 이시진(李時珍)은 《본초강목》에서 "뇌는 정신작용을 하는 곳"으로 규정했고, 청(淸)나라의 왕앙(汪昻)은 《본초비요》에서 "사람의 기억력은 모두 뇌에 있다"고 했다. 또한 청말(淸末)의 실천적인 의학가인 왕칭런은 서양의학의 전파에 힘입어 뇌에 청각, 시각, 후각 등의 감각기능과 사유, 언어, 기억 등의 작용을 부여하였다. 이러한 연구의 영향으로 궁중의학에서는 뇌에 대한 연구를 가속화했음이 틀림없다. 그렇지 않고서야 어떻게 그토록 명확하게 현대의학의 두뇌생리학과 일치할 수 있겠는가.

　당시 총명탕으로 처방했던 '육공단'은 신장에서 분비되는 부신피질호르몬에 영향을 주어 뇌의 혈액순환을 원활하게 한다는 것이 현대의학에서 밝혀졌다. 이 같은 효능 때문에 뇌신경이 약화되었을 때 먹으면 뇌의 혈액순환을 원활하게 해 머리가 총명해지는 것이다.

　이러한 관점에서 볼 때, 궁중에서 왕자들이 복용했던 총명탕의 작용 원리는 어쩌면 서양의학보다 더 정교하며 과학적인 것이라 할 수 있다.

서양의학에서는 해부생리학적인 기전과 지식은 많이 연구되었지만 몸체와의 관련성을 한의학처럼 명료하게 밝히지는 못했기 때문이다.

한의학에서는 비록 뇌에 대한 인식이 서양의학과 다르지만 몸과의 상관성을 명쾌하게 밝히고 있다. 예를 들면 사유, 기억, 감정 등은 심장(心腸) 가운데 정신작용을 주관하는 심(心)의 기능으로, 또 나머지는 장부들과 연결시킴으로써 그에 따른 진단과 치료체계를 완성했던 것이다.

그러한 한의학적 인식체계는 뇌의 기능을 강화하는 총명탕의 작용 원리를 뒷받침해준다.

최고의 두뇌생리학 연구를 거듭해온 현대의학이 인간의 두뇌를 총명하게 해주는 약을 개발했다는 보고가 있는가?

그들은 두뇌생리학 자체만을 보고 그에 따른 신경정신의학이나 영양학만을 연구할 뿐이다. 반면에 궁중의 총명탕은 장부와 두뇌의 상관성을 고려해서 실제적인 효능이 나타나도록 만들어졌기 때문에 장부(臟腑)의 상태와 밀접하게 연관되어 있으며, 뇌의 기능을 강화해주는 약재 성분이 함유되어 있다.

장부의 기능이 약화되면 뇌의 기능은 자연히 떨어지게 되어 있다. 예를 들면 신경성 질환, 소화불량, 각종 장부의 질환은 뇌 기능 저하의 주 원인이 되는데, 총명탕은 일차적으로 장부의 기능을 정상화시키는 작용을 한다.

그 다음은 뇌신경을 맑게 하고 안정시키며 정신력을 강화하는 작용을 한다. 이러한 궁중 총명탕의 작용 원리는 앞으로 신경과학이 중심이 될 세계 의학계에 새로운 방향을 제시해줄 중요한 이론이 될 것이다.

지능을 높여주는
한약 재료

총명탕은 기본적으로 뇌와 장부의 생리적 기능을 강화하는 성분으로 구성된다.

기억력을 강화하거나 뇌혈관 순환을 촉진시키는 작용을 하는 성분도 포함된다. 주요 성분들은 단방약재로도 사용할 수 있고 복방으로도 사용되며, 모두 천연원료로서 효능이 풍부한 것들이다.

필자는 오래전부터 총명탕을 일상적으로 복용하고 있다.

인체의 모든 활동이 뇌의 기능으로부터 시작되는 것에 착안하여 그에 맞게 뇌기능을 향상시킬 방법을 찾아보았던 것이다. 그 결과는 명확하게 나타났다.

늦도록 공부하고 연구를 하였어도 한 번도 뇌기능이 저하되는 것을 느낀 적이 없으며, 늘 긍정적이며 밝고 활기차게 생활할 수 있는 것은 궁중의 총명탕을 연구했기에 가능하다고 여기고 있다. 필자의 아들과 딸을 비롯한 친척, 조카, 수험생들에게도 복용시킨 결과 그 효과가 여러모로 입증된 바 있다.

총명탕은 제대로 알고 복용하면 뚜렷한 효과를 볼 수 있다.

지능을 높여주는 궁중 총명탕의 신비한 효능은 무엇보다도 순수한 천연성분에서 비롯되며, 그 성분을 제대로 아는 것이 매우 중요하다. 상세한 내용은 다음과 같다.

1. 원지(遠志)

원지는 뜻을 오래도록 간직한다는 의미로 뇌와 직접 관계가 있다. 그렇기 때문에 원지는 기억력 증강과 건망증 치료에 좋으며 뇌의 기능을 향상시키는 효능이 있다.

《동의보감》에는 "지혜를 더해주고 귀와 눈을 총명하게 하고 기억력을 좋게 하며 뜻을 강하게 한다. 두려움과 불안감을 그치게 하고 혼백을 진정시키며 혼란스러움을 없애준다"고 기록되어 있다. 원지는 아기풀 나무뿌리의 껍질이며 뿌리 중심을 빼고 사용해야 한다. 크고 구멍이 많이 뚫린 것이 좋고 씹어서 매운 맛이 강하게 나는 것이 상품이다.

원지를 약으로 쓸 때는 감초물에 달여서 뿌리 중심을 빼고 생강즙에 담근 뒤 볶아서 사용한다.

2. 창포(菖蒲)

창포는 석창포의 뿌리와 줄기이다.

방향성이 있으며 일반적으로 위를 강화하는 약성으로 사용되지만 중국에서는 정신을 맑게 하고 기분을 안정시켜 두뇌 활동을 좋게 하는 약으로 사용되고 있으며 건망증과 기억력 감퇴에 특히 효과가 있다.

《동의보감》에는 두뇌의 기능과 관련하여 "건망증을 치유하며 지혜를 길러준다"고 되어 있다. 창포는 원지, 복령과 함께 대표적인 총명탕의 구성약재이다.

석창포는 겉껍질에 주름이 많은 것이 상품이며, 속 색이 하얗고 주름이 촘촘하게 있는 것이 효과가 좋다.

3. 복령(茯笭)

복령은 벤 소나무의 땅 속 뿌리에 기생하는 일종의 버섯이다. 겉껍데기를 복령피라 하고 안쪽 담홍색 부분을 적복령, 백색 부분은 백복령이라 한다.

《동의보감》에는 "정신을 맑게 하며 오감을 밝게 한다"고 되어 있다. 복령은 전체에 송진이 배어 있고 씹으면 끈적끈적하고 흰색과 담

홍색이 섞여 있으며 상품은 불이 잘 붙지만 하품은 불이 잘 안 붙는
다. 시중에 유통되는 복령은 중국산이 많은데 효과가 떨어지므로 가
급적 토산품을 쓰는 것이 좋다.

4. 산조인(酸棗仁)

산조인은 신경강장제로서 불면증을 동반한 건망증에 특히 효과적
이다.

《동의보감》에는 "마음의 번민이 많아 잠을 못 이루는 데 효과가 있
으며 간의 기를 강화하고 근골(筋骨)을 든든히 하며 근골의 풍을 치료
한다"고 되어 있다. 총명탕에는 불면증을 동반한 흐릿한 정신상태를
치유하는 용도로 사용된다.

중국이 원산지이며 열매가 크고 실한 광둥산이 상품이며 월남산
은 쭉정이 같은 것이 많이 섞여 하품이다. 광둥산은 볶지 않았는데도
검은빛이 나며 시중에서 원산조인이라고 유통된다. 산조인보다 원산
조인이 더 효과적이다.

5. 용골(龍骨)

용골은 건망증과 산란한 꿈, 불면증에 효과적이며 심장박동이 심
한 경우에도 효과적이다.

《동의보감》에는 "정신을 길러주고 혼백을 바르게 하며 오장을 편하

게 하고 나쁜 기를 쫓으며 몸과 마음을 편하게 해준다"고 되어 있다.

용골의 상품은 혓바닥을 대었을 때 접착력이 강한 것일수록 좋다. 접착력이 좋아 수분흡수력이 높은 것일수록 상품으로 친다.

6. 모려(牡蠣)

모려는 굴 껍데기로서 주요 미네랄 성분과 칼슘 공급원으로 사용된다.

총명탕의 두뇌기능을 강화하는 데 반드시 필요한 칼슘 공급원으로서 중요한 성분이다.

모려는 볶아서 사용하면 위산 억제 작용이 강해져 위산과다로 인한 소화불량 및 상열로 두뇌기능이 저하되는 증상에 매우 효과적이다. 그러나 건망증과 불면, 정신을 안정시키기 위해서는 생것 그대로 사용하는 것이 좋다.

7. 용안육(龍眼肉)

용안육은 생긴 모양이 용의 눈과 같다 하여 이름 붙여졌다.

용안육에는 뇌에 포도당을 충분히 공급할 수 있는 양질의 당분이 많이 함유되어 있다.

《동의보감》에는 "오장의 나쁜 기운을 없애며 지혜롭게 해주고 비장을 강화하여 심지를 강하게 해준다"고 되어 있다. 용안육은 피로로 인한 기억력 감퇴나 건망증에 효과가 빠르며 뇌 혹사로 인한 불면증에 효과적이다. 또 심한 긴장감으로 인한 심장박동이 격렬해지는 증세에도 효과가 있다.

껍질을 쪼개어 씨 부분을 먹으며 하루 15알 정도가 적정량이다.

8. 구기자(拘杞子)

구기자는 구기자나무의 씨이다.

간장과 신장을 튼튼하게 하고 머리카락을 검게 하고 눈을 밝게 하는 강장약으로 유명하다.

시중에 널리 알려진 술 '백세주'의 주 성분은 구기자와 하수오로서 그 효과가 입증된 바 있다. 《동의보감》에는 "정기(精氣)를 보충해주며 얼굴색을 희게 하고 눈을 밝게 하며 정신을 안정시켜주고 장수하게 한다"고 되어 있다.

옛날에 구기자는 선도에서는 필수적인 영양원이었다. 실제 구기자를 상복하면 두뇌가 명석해지고 시력과 근기가 좋아진다. 구기자는 진도 구기자가 최상품이며 오래된 것은 약간 검게 변하는데, 구입할 때 자세히 살피면 상품을 선별할 수 있다.

9. 호두(胡桃)

호두는 오래전부터 뇌를 좋게 하는 식품으로 전해져오고 있다.

중국에는 매년 정월이 되면 호두를 먹는 관습이 있는데, 호두를 먹으면 머리가 좋아진다는 데서 비롯되었다. 반면에 한국에서는 매년 정월 보름이 되면 호두를 먹는데, 이는 호두를 먹으면 부스럼이 나지 않는다는 말에서 유래되었다. 이렇듯 호두에는 인체에 유익한 성분이 많은데 그중 건망증과 신경쇠약, 불면증에 대한 효과는 이미 확인된 바 있다.

호두는 너무 많이 먹으면 설사를 일으킬 수 있고 성질에 열이 있어 눈썹이 빠지기 쉽다. 적정량으로서 하루 2~3개를 꾸준히 먹는 것이 효과적이다.

10. 우황(牛黃)

우황청심환으로 너무나 유명한 우황은 담석증에 걸려 죽은 소의 담낭에 있는 담석이다.

국산 우황은 매우 고가여서 구하기가 쉽지 않고 수입 우황은 인도산과 중국산, 남미산이 많다. 그중에서 가격도 적당하고 효과가 좋은 것은 인도산이다.

《동의보감》에 보면 우황은 "마음과 정신을 안정시키고 경기를 비롯한 어린아이의 100가지 병을 치료한다"고 되어 있다. 어린이 두뇌개발과 심신안정을 위해서는 반드시 필요한 성분이 다량 함유되어 있으며 사향에 버금가는 강한 각성작용과 강심작용을 지니고 있다.

총명탕에서는 우황의 효과가 매우 뚜렷하게 나타나지만 소량으로 단기간만 복용하는 것이 좋다.

11. 백하수오(白何首烏)

하수오의 하(何)는 하씨 성을 가진 사람이 이 약재를 먹고 자손을 얻었다는 일화에서, 수오(首烏)는 머리카락이 까마귀처럼 까맣게 된다고 해서 붙여진 이름이다.

《동의보감》에 보면 "기와 혈을 보충하고 근골을 강장하고 골수를 메우며 머리카락을 검게 하고 장수하게 한다"고 되어 있다.

하수오는 인체에 정혈을 보태주고 정력을 강화해주는 아주 **좋은** 약재로, 두뇌 혹사로 인한 정혈의 손상에 매우 도움이 된다. 하수오는 색깔이 흰 백하수오와 붉은색인 적하수오의 두 종류가 있다. 하수오의 상품은 자른 단면을 놓고 볼 때, 가운데 노란 심지가 박혀 있는 것을 고르면 된다.

12. 대조(대추, 大棗)

대조는 시중에서 대추로 널리 알려진 열매이다.

대추는 여러 성분들을 조화시키고 약효를 융합시키는 신비한 성분들이 많다.

《동의보감》에는 "속을 편하게 하고 비장을 기르며 오장을 보하고

12경맥을 도운다. 진액을 보하고 뜻을 강하게 하고 백약을 부드럽게한다"고 되어 있다.

대추는 머리가 피로해져서 열이 나거나 맑지 않을 때 불면증에 좋다. 총명탕에 쓸 때는 씨를 제거하고 과육만 넣어야 한다.

총명탕의 구성 성분으로는 이 밖에도 많다.

첨가할 수 있는 성분으로 졸음을 물리치는 데 효과가 있는 것은 갈근, 자소엽, 박하, 국화, 죽려 등이 있다. 첨가나 배합은 개인적인 차이를 고려해야 한다.

총명탕에서 중요한 것은 두뇌와 오장육부의 조화와 균형이다. 서양의학과는 달리 궁중의학에서는 장부의 건강을 중심으로 두뇌의 기능을 강화하였기 때문이다. 그 원리는 현대의학으로도 이해되는 과학적인 것이다.

두뇌의 기능은 유전적인 것을 제외하고 대부분 장부의 기능과 밀접한 관계가 있다.

또한 두뇌의 기능은 긍정적인 사고를 바탕으로 했을 때, 밝고 활기차며 발전한다. 그러한 점에서 총명탕도 얼마만큼의 이해와 신뢰를 가지는가에 따라 그 효과에 차이가 날 수 있다. 총명탕의 효과를 이해하고 신뢰해야 뇌에서 긍정적인 작용을 하여 소화 흡수가 잘되며 빠뜨리지 않고 복용하게 될 것이다.

그러나 이해나 신뢰가 없다면 부정적인 작용을 통해 제대로 복용하지 않게 되며, 어떤 경우 아예 효과 자체를 부정하고 복용할 생각조차 하지 않게 된다. 중요한 것은 반드시 효과가 있다고 믿고 전문가에게 의뢰해서 두뇌기능을 발달시키려 노력하는 것이다.

궁중 조청의 비밀

뇌의 에너지원 중에서 80%가 포도당이라는 것은 과학적으로 밝혀진 사실이다.

포도당의 중요성은 뇌의 기능에 있어 아무리 강조해도 부족함이 없다. 그런데 궁중에서는 어떻게 그 원리를 알고 뇌에 포도당을 공급해주는 조청을 만들었을까?

정확히 언제부터 조청을 그렇게 애지중지했는지 구체적인 기록은 없다.

하지만 옛날부터 '조청단지'는 궁중에서부터 양반가문의 안방에 이르기까지 소중히 다뤄졌다. 특히 옛날 과거 보러 가는 선비들은 장원급제를 하려고 '조청단지'를 옆구리에 차고 다녔다고 한다.

이러한 사실은 갖가지 곡식으로 만든 궁중 조청이 머리를 맑게 하고 뇌의 활동을 강화한다는 사실을 알고 있었음을 나타낸다.

궁중 조청은 한의학의 원리를 바탕으로 하고 있다.

한의학의 원리로 보면 뇌는 아침 5시에서 7시까지 가장 활발하게 움직인다고 한다. 정확한 시간은 인시(寅時)와 묘시(卯詩)인데, 이때는 간장과 담의 기능이 활발한 시간이며 일출이 시작되는 시간이다.

그렇기 때문에 왕자들은 그 시간에 하루일과를 시작하였으며 조청을 먹었다. 간장과 담의 기능이 활발해지는 시간에 두뇌를 개발하기 위해 포도당을 먹었던 것이다.

그렇다면 궁중 조청의 성분은 무엇이며 어떤 작용을 하길래 그토록 좋을까?

조청은 보통 물엿 또는 엿기름이라고 하며 엿을 묽게 곤 것을 가리킨다.

조청의 성분은 맥아당이며 이당류가 주 성분이다.

조청이 두뇌에 좋은 이유는 조청을 만들 때 사용하는 원료 때문이다. 현미, 율무, 수수, 차조, 통밀, 호박, 무어, 생강, 마늘 등의 재료에서 알 수 있듯 두뇌기능을 강화해주는 곡류가 많이 포함되어 있다.

궁중 조청이 일반 당보다 효과적인 이유는 천연재료를 발효시켜 만들기 때문에 소화, 흡수력이 아주 좋다는 것이다. 예를 들면 꿀은 약 80%의 당질을 함유하고 있어 단맛과 흡습성이 강하지만 두뇌에 직접 에너지를 공급하는 성분이 조청보다는 적게 들어 있다.

조청의 주 재료인 현미, 율무, 수수, 호박 등은 현대영양학에서도 뇌를 강화하는 식품으로 꼽힐 만큼 좋은 재료이다.

조선 시대의 왕자들은 이처럼 포도당이 풍부하게 함유된 조청을 매일 아침 섭취하며 학습 효과를 높였다. 왕자들이 학습에 들어가기 전에 뇌의 활동력을 높이기 위해 식이요법을 한 것이 놀라울 만큼 지혜롭게 느껴진다.

실제로 아침에 뇌에 포도당을 공급하는 것은 과학적으로 매우 필요하다고 한다. 과도한 정신노동을 한 사람이거나 수험생의 경우 아침에 뇌에 포도당을 공급해주면 두뇌 기능 활성화에 큰 도움이 되는 것이다. 조청은 물엿 형태였지만 오늘날 일반적인 물엿이나 사탕, 초콜릿과는 성질이 전혀 달랐다. 깊은 정성이 배어 있을 뿐만 아니라, 영양가도 높으며 뇌의 활동력을 높여 두뇌를 총명하게 하는 효과가 있었다.

왕자들은 아침 7시 이전, 교육에 들어가기 전에 조청을 먹었으며 분량은 큰 숟가락으로 2번 먹었다. 조청을 먹는 방법에는 약간의 변화가 있었는데, 학습량이 많아지고 진도가 많이 나가면 무를 썰어 삶은 후에 조청에 절여 만든 무정과를 간식으로 들게 했다. 즉, 두뇌 사용량이 늘어남에 따라 포도당 공급량도 늘렸다.

무를 삶아서 조청에 절인 간식은 소화 흡수력을 높여 효과가 빨리

나타나게 하는 과학적인 조리법이었다.

🍲 궁중 조청 만들기

재료 현미 40%, 잡곡 40%(율무·수수·좁쌀·차조·통밀), 기타 재료 20%(호박·무·생강·마늘·반쯤 익은 고추), 겉보리엿기름

만드는 법

① 기본 재료를 깨끗이 씻어 압력솥에 넣고 찐 밥을 만든다.

② 식혜를 만들 듯이 찐 밥과 엿기름, 생수를 적당히 혼합하여 발효 시킨다.

③ 발효가 되면 찌꺼기를 적당히 걷어낸 후 약한 불에 24시간쯤 달이 면 조청이 만들어진다.

④ 조청을 달일 때는 온도조절을 정확하게 해야 하며, 점점 끈적끈적 해지면 타거나 눋거나 넘치지 않도록 불을 낮춰 저어가면서 달여 준다.

두뇌 발달을 위한 약죽

왕자들은 두뇌 발달을 촉진하는 약죽을 수시로 먹었다. 인체는 정, 신, 기, 혈의 에너지가 충일해야 두뇌 발달이 촉진된다. 정(精)은 호르몬계, 신(神)은 신경계, 기(氣)는 경락계, 혈(血)은 혈액계로서 인체의 모든 에너지의 근원이다.

두뇌는 이 에너지들이 서로 완벽하게 조화되고 균형이 잡혀야만 제대로 기능을 발휘하고 발달된다.

따라서 학습량이 많아지면 반드시 약죽을 먹는 것이 좋다. 궁중의술에서는 이러한 건강 비법을 정확히 알고 있었는데, 궁중에서의 왕자들의 두뇌 발달을 촉진하는 대표적인 약죽은 죽순죽과 국화죽이었다.

1. 죽순죽

죽순죽은 두뇌 발달에 매우 효과가 좋다.

죽순은 대나무 뿌리에서 돋아나는 어리고 연한 싹인데, 땅 속에 있는 죽순을 캔 것을 백자(白子)라고 하고, 땅 위에 나온 것을 흑자(黑子)라고 한다.

《동의보감》에 보면 죽순은 "성질이 차고 맛이 달며 독이 없고 갈증을 그치게 한다. 수도(水道)를 이롭게 하고 번열을 없애주고 기(氣)를 도와준다"고 되어 있다. 죽순은 열을 내리고 독을 발산시키며 가래를 삭이고 이뇨작용을 한다. 또한 온몸의 기관을 소통하고 헛배가 부른 것을 해소한다. 또한 머리를 맑게 하고 기(氣)를 강화하는 작용력이 뛰어나다. 죽순에는 단백질이 2.5%, 비타민 B·C를 함유하고 있으며 영양이 풍부하다.

🏵 죽순죽 만들기

재료　죽순 40g, 쌀 80g, 고추 3개, 조청

만드는 법

① 쌀을 2시간 동안 불려놓는다.

② 처음 받은 혼탁한 쌀뜨물에 고추 3개를 넣고 죽순을 30~40분간 데친다.

③ 죽순의 뿌리 쪽이 익으면 건져 식힌 후 물에 담가둔다.

④ 불려둔 쌀과 죽순을 넣어 약한 불로 끓인다(죽순은 끝을 자른다).

⑤ 충분히 끓인 후에 조청을 넣어 맛을 낸다.

먹는 법

하루에 세 번으로 나누어서 먹는다. 죽순은 천천히 꼭꼭 씹어서 먹어야 효과가 좋다.

2. 국화죽

국화죽은 뇌신경 안정에 특히 좋다.

신경을 안정시키고 열을 발산시키며 머리를 맑게 하는 효능이 뛰어나다. 눈을 밝게 하며 해독작용과 간의 열을 내려준다. 간열에 의한 질환, 열이 나고 오한이 들며 두통, 종기, 눈 충혈이 심할 때와 간열이 치솟아서 나타나는 현기증, 머리가 아픈 증상에도 효과가 좋다. 현대약리학 연구에 따르면 국화에는 혈압을 내리게 하고 심장을 활성화시키는 성분이 들어 있어 관상동맥을 확장시켜 혈류량을 늘린다는 것으로 밝혀졌다. 병을 유발할 수 있는 병독, 병균, 진균에 대한 면역과 억제력도 강하다고 한다.

국화는 하얀 국화, 노란 국화, 들국화 세 종류가 있는데 하얀 국화는 눈을 밝게 하는 효과가 뛰어나다. 노란 국화는 간의 열을 내려주고 눈을 밝게 하며 해독 효능과 열을 발산시키는 힘이 강하다. 들국화는 노란 국화나 하얀 국화보다 해열과 해독작용이 강하다. 국화죽은 수험생의 뇌신경 안정과 두뇌 발달에 매우 좋다.

🟤 국화죽 만들기

재료 국화 혹은 국화가루 12g, 쌀 100g

만드는 법

① 서리가 내리기 전의 국화를 따서 꼭지를 떼서 버린다.

② 국화를 쪄서 음지에 말린다.

③ 건조된 국화를 곱게 가루로 만든다(가급적 국화가루를 구입하는 것이 좋다).

④ 쌀을 2시간 동안 불린 후 죽을 쑨다.

⑤ 죽이 완성되면 국화가루를 넣고 낮은 불로 조금 더 가열한다.

먹는 법

아침과 저녁으로 두 번 먹는다. 천천히 오래 씹어 먹을수록 좋다.

왕자들의 두뇌 발달을 위한 건강관리로는 이 밖에도 많은데, 두뇌를 총명하게 하는 음식으로 콩류를 즐겨 먹게 했다. 검은콩을 비롯한 콩류와 검은 참깨 등이 들어 있는 식단을 준비하였다. 왕자들의 간식으로 떡과 다과에도 콩과 참깨가 섞인 것을 많이 제공하였다. 왕자들의 능률적인 학습을 위해 다양한 방법으로 건강관리를 했던 것이다.

이를 보면 오늘날 학부모들이 배워야 할 점이 많다. 과도한 사교육비를 지출하면서도 자녀들의 두뇌 발달을 위한 건강관리는 소홀히 하기 때문이다. 피자, 햄버거, 샌드위치, 라면, 콜라 등을 먹도록 내버려두어서 학습 능력의 주체인 두뇌기능을 약화시키는 것은 큰 잘못이다. 높은 교육열도 좋지만 학습을 잘할 수 있도록 두뇌 발달을 위한 건강관리가 무엇보다 중요하다.

지금 시대의 자녀들은 모두가 왕자요 공주다. 각 가정에 있는 왕자와 공주는 노력만 하면 누구나 왕(대통령)이 될 수 있다. 왕자처럼 두뇌를 발달시키고 왕세자처럼 교육을 시켜 진정으로 훌륭한 왕을 배출할 수 있도록 모두가 합심해서 노력하는 것이 가정, 사회, 국가를 위해서 바람직한 일이다.

두뇌 발달을 위한 보양식

인체의 기본은 풍부한 영양섭취에 따른 기초체력이다. 어떤 운동이
든 영양섭취와 기초체력을 중시하는 것처럼 두뇌 발달에서도 마찬가
지다. 풍부한 영양섭취와 기초체력이 확보된 연후에 두뇌가 더욱 발
달할 수 있는 것이다. 허약체질인 사람이 명석한 두뇌를 지닌 경우는
거의 없다.

두뇌 활동 역시 근육과 뼈의 활동과 마찬가지로 에너지를 필요로
한다. 튼튼한 체력 관리가 바탕이 되어야 비로소 두뇌가 발달할 수
있다.

1. 궁중용봉탕

용봉탕이란 용이라 불리는 잉어와 봉황으로 격상시킨 오골계를 함께 넣어 끓인 탕이다.

용봉이란 용과 봉황을 가리키는 말이지만 일반적으로 시중에서 판매되는 용봉탕은 별미와 보신용 음식으로 용은 잉어, 봉은 닭(토종닭)을 말한다.

그런데 궁중용봉탕은 두뇌기능이 활성화될 수 있도록 체력을 강화한다는 면에서 매우 독특한 구성을 한 것이 특징이다. 산해진미를 모두 결합하여 최대한 에너지를 강화시킨 것이다.

따라서 재료를 준비하는 데 비용과 노력이 들지만 그 어떤 보양식보다 효과가 뛰어나다. 학생, 수험생, 극심한 두뇌 활동을 하는 사람은 반드시 해먹는 것이 좋을 만큼 효과가 뛰어난 보양식이다.

🍲 궁중용봉탕 만들기

재료 잉어 2마리, 검정오골계 2마리, 쇠고기 150g, 전복 1개, 마른 해삼 5개, 잣 10g, 표고버섯 5개, 달걀 1개, 소금, 대파 한 단, 밭마늘 30g, 참기름

만드는 법

① 닭은 깨끗이 손질하여 내장을 꺼낸 다음 씻어놓는다.

② 큰 냄비에 닭을 앉혀 물을 부어 푹 삶은 다음 건져서 살을 뜯어놓는다. 국물은 버리지 말고 보관해둔다.

③ 잉어는 비늘을 긁고 내장을 꺼내어 토막을 쳐놓는다.

④ 표고버섯은 물에 충분히 불려 마름모꼴로 썰고 대파와 마늘은 곱게 다진다.

⑤ 달걀은 풀어서 황백지단으로 부쳐 직사각형으로 썬다.

⑥ 쇠고기와 전복은 잘게 썰어놓고 마른 해삼은 물에 불려놓는다.

⑦ 뜯어놓은 닭살에 표고버섯과 대파를 넣고 마늘, 후춧가루, 참기름을 넣어 양념한다.

⑧ 닭 삶은 국물에 준비한 재료와 토막 낸 잉어를 넣고 약한 불로 오랫동안 가열한다.

⑨ 잉어가 익으면 달걀지단을 얹고 잣을 뿌린다.

먹는 법

중탕을 하여 먹고 냉장고에 보관한다.

소화기능이 좋은 사람은 아침 7시 이전과 점심, 저녁 전의 공복에 먹는 것이 가장 효과적이다. 그러나 소화기능이 약한 사람은 식후 30분 이후가 좋다.

2. 뱀장어탕

궁중 보양식 중에서 가장 널리 보급된 것이 뱀장어탕이다. 뱀장어는 다양한 요리와 보양식을 비롯한 여러 가지 건강식으로 여전히 인기가 많다.

그 이유는 무엇일까?

무엇보다 효과가 좋기 때문이다. 실제로 자연산 뱀장어를 보양식으로 해먹으면 몸에 금방 효과가 나타난다. 필자는 두뇌 발달을 위한 보양식으로 뱀장어탕을 매우 높이 평가한다. 집필을 하기 전후에는 꼭 먹는데, 놀라운 것은 보양식은 먹은 만큼 반드시 효과가 나타난다는 것이다. 여러 번 해먹으면서 그 효과를 실감했다. 몸과 마음에 나타난 효과는 꼬집어 말할 수는 없지만 먹지 않을 때와 비하면 천양지차임을 느낀다. 궁중에서 왕자들의 보양식으로 뱀장어를 첫손으로 꼽았던 이유를 실감할 수 있을 정도이다.

뱀장어는 성질이 차고 맛이 달며 오장의 약한 기능을 보강하고 피로회복에 특히 좋다.

식욕증진, 간 기능을 개선하고 말초혈관을 튼튼하게 한다. 뱀장어의 핵심 성분인 EPA, DHA가 풍부하며 두뇌를 총명하게 하고 노화를 방지한다.

다만 뱀장어와 소의 간, 뱀장어와 매실(매실주)는 음식 궁합이 맞지 않으므로 피하는 것이 좋다. 또한 많이 먹으면 열이 날 수 있으므로 열이 많은 사람은 피하는 것이 좋다. 담이 많고 설사를 하는 사람도 피해야 한다.

뱀장어탕은 두뇌 발달에 매우 효과적인 식품이므로 학생, 수험생, 정신노동자들은 한 번씩 먹는 것이 좋다.

● 뱀장어탕 만들기

재료 뱀장어 3마리, 구기자 30g, 원지 30g, 석창포 12g, 백복신 12g, 밭마늘 20g, 대파 한 단(푸른 부분을 제외한 흰 부분만 사용)

만드는 법

① 준비한 4가지 약재를 3시간 끓여서 즙을 짠다.

② 한약재 즙을 압력솥이나 큰 솥에 부은 다음 뱀장어와 마늘, 파를 넣는다.

③ 처음에는 센 불로 끓이다가 끓기 시작하면 낮은 불로 오래 끓인다.

④ 낮은 불로 2시간 동안 끓인 후 즙을 짠다.

⑤ 짠 즙은 밀폐가 되는 병에 부어 냉장고에 보관한다.

⑥ 냉장고에 넣어두었던 즙을 먹을 때는 따뜻하게 데워서 먹는다.

먹는 법

소화기능이 좋은 사람은 오전 7시 이전과 점심, 저녁 전의 공복에 마시는 것이 가장 효과적이다. 그러나 소화기능이 약한 사람은 식후 30분 이후가 좋다. 매실주나 매실은 먹지 않는 것이 좋다.

뱀장어탕을 만들 때는 반드시 약재를 먼저 끓인 후에 탕액을 만들어야 한다. 탕액을 만들어 그 물에 뱀장어와 마늘, 대파를 넣고 끓이라는 뜻이다.

왜냐하면 뱀장어, 마늘, 대파 성분이 약재 찌꺼기에 흡수되어 손실되지 않게 하기 위해서이다. 약재와 함께 뱀장어와 마늘, 대파를 넣어서 끓이면 영양의 손실이 많아지기 때문이다. 또 뱀장어와 마늘, 대파를 넣은 후부터는 낮은 불로 가열한다는 것을 명심한다. 화력이 센 불로 가열하면 오히려 약효가 떨어지기 쉽다. 번거롭지만 그렇게 하는 것이 좋다.

3. 오골계탕

오골계는 뼈까지 검은 색이 나는 닭이다.

겉과 속이 온통 새까맣다. 궁중에서는 흑색 식품을 매우 소중히 했는데, 장부의 기능 중에서 까만색에 해당하는 신장이 가장 쉽게 약화되기 때문이기도 하고 신장이 뇌와 관계가 있다는 한의학적 원리 때문인 듯하다. 궁중에서는 왕자의 두뇌 발달뿐만 아니라 왕을 비롯한 왕비, 빈에서 무수리, 환관에 이르기까지 모두 치밀한 두뇌싸움을 하는 탓에 신장의 강화가 절실했는지도 모른다. 그런 점에서 오골계는 두뇌 발달을 위한 보양식으로 매우 효과적이다. 신장을 보하고 정기를 강화해 두뇌의 기능을 활성화하고 근육과 뼈를 튼튼하게 해주기 때문이다.

한의학에서 오장육부 중에 유일하게 기운을 약화시키는 처방이 없는 장부가 바로 신장이다. 호두알만한 크기로 호르몬을 생성하고 피를 정화하고 체내수분을 정수하는 등 지나친 혹사를 당하기 때문이다. 신장은 콩팥처럼 생긴 아주 작은 장부이다. 오장육부 중에서 가장 작지만 기능은 가장 광범위하며 뇌의 기능 중에서 기억력과 밀접한 관계가 있다. 따라서 정신적 피로가 심한 사람이나 머리를 쓰는 일을 많이 하는 사람은 오골계탕을 먹으면 효과를 볼 수 있다.

오골계는 뼈까지 온통 검기 때문에 신장의 기능을 강화시키는 효능이 월등하다. 대개의 뼈는 흰색인데, 왜 오골계는 검은색일까? 그것은 어떤 특정한 기운이 강하게 뻗치면 그 기운의 색채를 띠는 자연의 이치 때문이다.

그래서 오골계탕은 신장 기능이 약하거나 두뇌기능이 저하된 사람, 두뇌를 혹사하는 학생, 수험생, 정신노동자들의 보양식으로 매우 좋다.

● 오골계탕 만들기

재료 오골계 1마리, 생지황 250g, 맥아당(엿기름을 사용해도 됨) 150g, 연실 30g, 원지 20g, 석창포 20g, 백복신 20g

만드는 법

① 오골계는 털과 내장을 제거한다.

② 생지황은 잘게 부수고 맥아당과 함께 섞어둔다.

③ 오골계의 뱃속에 생지황, 맥아당, 연실, 황기를 넣은 후 실로 꿰맨다.

④ 솥에 오골계를 넣고 물을 적당히 부어 중간 불로 일정하게 가열한다.

⑤ 오골계의 뼛속 기운이 우러나야 하므로 3시간 동안 푹 끓인다.

먹는 법

세 번에 나누어 먹는 것이 좋다. 한 번으로 큰 효과를 보려 하지 말고 21일 주기로 세 번 정도 해먹는 것이 좋다. 오골계탕을 먹을 때는 술이나 튀김, 인스턴트식품을 전혀 먹지 않아야 효과를 볼 수 있다. 단 더덕주를 함께 마시는 것은 좋다.

오골계탕을 여러 번 해먹으면 기억력을 비롯한 뇌기능의 향상을 실감할 수 있다.

여러 번 먹어본 사람들은 효과를 안다. 자녀의 두뇌 기능을 향상시킬 생각은 않고 학원이나 과외에만 신경 쓰는 학부모들은 깊이 생각해보는 것이 좋을 것이다. 무조건 뇌에 입력하는 학습 방법이 능사가 아니라 뇌의 기능을 강화하는 것이 우선임을 명심해야 한다.

10 장

뇌 기능을 강화하는
영양소와 식품

뇌의 활력소 포도당
바로 알기

뇌기능과 포도당은 절대적인 관계가 있다. 신경세포가 최적의 기능을 발휘하기 위해서는 적정한 양의 혈당을 필요로 하기 때문이다. 뇌의 기능에서 뇌혈관과 세포 속을 순환하는 포도당은 매우 중요한 성분이다.

신경세포는 혈액 속에 포도당이 부족하면 제대로 기능할 수도 없고 성장할 수가 없다. 포도당은 자연이 뇌에게 선사해준 가장 독창적인 영양소이며 뇌의 기능을 강화시켜 총명하게 해주는 특별한 성분이다.

요컨대 포도당은 뇌의 기능을 최대로 발휘하게 하며 뇌의 발달을 촉진시켜주는 것이다.

포도당은 뇌의 활력소이자 뇌의 유일한 연료원이라고 할 수 있다. 뇌의 구조는 다른 몸체와 달리 마음대로 불리기를 할 수 없게 되어 있다. 몸의 세포는 영양상태에 따라 단백질과 지방을 대량 함유하고 있다가 필요 시 지방이나 단백질을 포도당으로 전환시킨다.

그러나 두뇌의 신경세포는 구조적으로 그런 작용을 하지 못한다. 뇌의 무게가 인체의 약 2% 밖에 되지 않는데도 인체 에너지의 20~30%를 소모한다는 것에 비추어볼 때, 포도당의 역할은 그만큼 절실한 것이다.

뇌가 활기차게 기능하기 위해서는 포도당은 절대적으로 필요하다. 몸의 세포는 포도당을 연소시키면서 활동을 하는데 그중 뇌에서 양질의 포도당을 가장 많이 소모하며 필요로 한다.

최신 과학정보에 의하면 "몸은 뇌와 신경체계를 위해 혈액 속에 일정한 수치의 포도당을 언제나 적정치 유지해야 한다"고 되어 있다.

뇌에 포도당이 적정량 공급되면 기억력과 집중력, 학습 능력이 향상되고 우울한 기분을 가라앉혀주며 흥분을 진정시킨다. 특히 뇌 혈액 속의 포도당은 기억력의 열쇠라고 할 수 있다.

반면에 뇌에 포도당이 부족하거나 과잉되면 뇌기능에 문제가 발생하기 쉽다. 과학적인 연구에서도 여러 차례 입증된 것으로 포도당의 이상은 뇌기능 이상을 유발할 수 있다는 것이다.

뇌기능과 포도당 공급의 이상 현상

포도당 부족 현상 : 뇌 활동이 느려지고 기능에 장애가 일어난다. 구체적으로 기억력, 주의력, 집중력, 흥분, 불안, 초조 및 기분에 악영향을 미치며 노인성 치매를 유발할 수도 있다.

포도당 과잉 현상 : 뇌의 실행능력과 기억력을 손상시키며 특히 어린이 뇌의 발달과 기능에 장애를 불러일으킨다. 어린이가 지나치게 포도당을 많이 섭취하면 뇌세포를 함부로 자르거나 다치게 해서 성장기에 뇌기능의 감퇴를 초래할 수 있는 것이다.

이러한 사실로 미루어볼 때, 적절치의 혈당(혈중의 포도당)을 공급할 수 있도록 조절하는 것이 대단히 중요하다. 혈당이 적정치를 유지하면 뇌의 지적·감정적 건강을 지속적으로 유지할 수 있는 강한 에너지를 낼 수 있다.

뇌기능과 포도당에 관한 철칙 4가지

첫째, 최적의 뇌기능을 발휘하기 위해서는 반드시 혈액 속의 포도당을 적정치로 유지해야 한다. 개인마다 포도당의 적정치는 다르지

뇌 기능을 강화하는 영양소와 식품

만, 혈액 속의 포도당이 적당히 올라가는 것이 기억력과 학습 능력에 도움이 된다는 사실이 과학적으로 밝혀진 바 있다. 학생이나 수험생, 뇌기능을 혹사하는 직업적 활동을 하는 사람은 혈당치를 증가시켜야 한다. 왜냐하면 기억력과 학습 능력을 조절하는 것으로 알려진 신경전달물질 아세틸콜린의 분비를 뇌 혈액 속의 포도당이 더욱 촉진하기 때문이다.

두 번째, 혈액과 뇌에 적절치의 포도당을 유지하기 위해서는 뇌의 활동을 강화해야 한다.

뇌신경이 활발해지면 포도당이 더욱 많이 연소되기 때문에, 뇌를 많이 사용할수록 혈액과 뇌에 포도당이 더욱 많이 공급된다. 연구에 몰두하거나 공부를 하는 등 머리를 쓰는 일에 집중할 때, 뇌에서 포도당의 소모가 늘어나면서 끊임없이 재공급이 이루어지는 것이다.

세 번째, 뇌 혈액 속 포도당은 사유하고 감각하는 인식능력과 기분을 조절한다.

포도당은 기억력과 학습 능력은 물론이고 기분 상태까지 변화시키는 요인이 되기 때문에 뇌 활동이 많은 사람은 스스로 감정을 컨트롤하기 위해서 포도당 공급과 소모를 적절하게 고려해야 한다. 예를 들면, 몇 시간의 집중적인 연구를 한 후에는 휴식을 겸해서 포도당을 섭취하는 것이 바람직하다.

네 번째, 뇌에 양질의 포도당을 공급하기 위해 뇌에 좋은 식품을 꾸준히 섭취해야 한다.

무엇을 어떻게 먹는가에 따라 뇌혈관에 얼마나 양질의 포도당을 공급하는지가 결정된다. 최상의 자연식품을 꾸준히 섭취하고 뇌의 활동과 더불어 운동을 병행하는 것이 도움이 된다.

뇌의 활력소인 포도당 공급을 위해서 아침식사를 반드시 해야 한다는 이야기들을 한다. 최근에는 특히 시간에 쫓기는 학생이나 수험생, 직장인들 중 아침식사를 하지 않는 사람들이 늘어나고 있어 건강과 관련해 사회적 문제가 되고 있다.

과연 아침식사는 반드시 해야 하는 것인가?

그렇지는 않다. 아침식사를 하지 않고도 뇌에 포도당을 충분히 공급할 수 있는 방법은 무척 많다.

조청이나 천연식품으로 만든 차나 음료수 등을 간단히 섭취하는 것만으로도 충분하다.

배가 부르도록 아침식사를 하는 것은 머리를 맑게 하는 데 도움이 안 된다. 영양 과잉된 몸에는 부담을 주지 않고 뇌에만 포도당을 공급할 수 있도록 조선 시대 왕자들처럼 가급적이면 조청을 소량 먹는 것이 바람직하다.

뇌 기능을 강화하는 영양소와 식품

두뇌 발달을 촉진하는
음식 13가지

1. 양파

양파에는 기억력을 향상시키는 성분이 함유되어 있기 때문에 학생, 수험생, 건망증이 있는 사람에게 많은 도움이 된다. 포도당, 설탕, 과당, 맥아당도 많이 함유되어 있어 조리를 제대로 하면 단맛이 두드러지면서 효과가 좋아지며, 뇌기능을 발달시킨다.

또한 칼슘, 인, 칼륨과 비타민C도 많아 뇌의 피로를 회복시키는 효과도 강하다.

2. 검은 참깨

참깨의 주 성분은 지방으로 전체의 약 50%를 차지한다. 단백질은 약 20%로 식물성 단백질 중 가장 영양가가 풍부하다. 또 뇌 신경세포의 주 성분에 해당하는 아미노산이 다량 함유되어 두뇌의 기능을 강화시키는 식품으로 매우 효과적이다. 《동의보감》에 따르면, 참깨를 오래 먹으면 몸이 가벼워지고 오장이 윤택해지며 머리가 좋아진다고 되어 있다.

검은 참깨는 신장의 기능을 강화시켜주기도 하며 꿀과 음식궁합이 좋아 참깨를 꿀에 절여서 먹으면 두뇌 발달에 매우 도움이 된다.

3. 참치

참치에는 두뇌 개발을 촉진하는 DHA가 다량 함유되어 있다. 일본 농림수산성의 식품종합연구소와 나고야 시립대 약학부는 쥐를 대상으로 DHA 실험을 실시하였다고 한다. 그 결과 DHA를 충분히 공급받은 쥐가 공급받지 못한 쥐보다 훨씬 높은 '미로 기억능력'을 발휘했다고 밝혔다. 실제 DHA의 효과로 학습 능력이 뚜렷하게 향상되었다고 한다.

그 밖의 등푸른 생선으로는 고등어, 삼치, 방어, 꽁치, 정어리 등이 있다.

등푸른 생선의 지방산인 DHA의 함유량은 다음과 같다.

참치(2877), 방어(1785), 고등어(1781), 꽁치(1398), 뱀장어(1332)

괄호안의 수치는 식용하는 부분 100g에 포함된 지방산량을 mg으로 표시한 것이다.

4. 미역

미역 100g 속에는 57mg 정도의 요오드가 들어 있다. 요오드는 갑상선 호르몬의 재료가 되며, 갑상선 호르몬은 두뇌향상에 많은 도움이 되는 영양소이다. 그 밖에 미역은 무기질이 풍부한 강한 알칼리성 식품이기 때문에 산성 독소에 찌든 몸을 정화시킨다. 또한 칼슘은 분유와 맞먹을 정도로 함유되어 있고 칼륨이 풍부해 머리를 맑게 해주는 효과가 있다.

미역 성분과 가장 유사한 것으로는 다시마가 있고, 미역, 다시마를 포함한 김이나 그 밖의 해조류는 두뇌기능을 향상시키는 효과가 있다.

5. 달걀

달걀의 노른자에 들어 있는 철분과 양질의 단백질은 성장기 어린이의 두뇌 발달에 매우 좋은 식품이다. 특히 노른자에는 뇌와 신체의 활성과 노화를 억제하는 레시틴이 풍부하게 함유되어 있어 두뇌 발달에 도움이 된다. 달걀은 완전식품으로 분류될 만큼 좋은 음식이지만, 달걀을 식초에 담가 만든 초란은 달걀과 식초의 신비한 궁합으로 인해 효과가 더욱 좋다. 초란은 달걀을 식초에 5~6일 담가둔 음식으로, 껍질이 녹아 부드러워지고 흰자는 굳어지며 노른자는 변하지 않고 반숙란과 비슷한 모양을 띤다. 단백질 소화력이 부족한 사람이 초란을 먹으면 소화 흡수력이 좋아진다. 또한 식초는 혈당치를 낮추어 뇌를 보호하는 작용을 하며 피로감을 덜어주기 때문에 식초에 절인 초란을 먹으면 건강에 매우 도움이 된다.

6. 메밀

메밀에는 당질이 73%, 단백질이 10% 이상 들어 있다.

또한 곡류에 부족하기 쉬운 필수아미노산인 트립토판, 트레오닌, 라이신 등이 많이 함유되어 있으며 비타민 B군 및 인이 많아 식물성 단백질 공급원으로 매우 좋다. 한방의약서 《식료본초》에 따르면, 메밀은 장과 위를 튼튼히 하고 기력을 높이며 정신을 맑게 하고 오장의 부패물을 제거한다고 되어 있다. 이와 같이 메밀은 두뇌기능을 향상시키는 데 매우 효과적인 식품이라 할 수 있다.

7. 우유

정신적 에너지를 높이는 식품 중의 대표적인 것으로 우유를 들 수 있다.

우유에 들어 있는 아미노산의 일종인 트립토판은 대뇌의 신경전달물질인 세로토닌의 생성을 촉진하는 효과가 있다. 또한 우유는 토파민과 노르에피네프린의 산출을 이끌어 보다 신속하고 정확하게 사고하도록 해준다. 우유는 가열하면 효소가 파괴되기 때문에 냉장된 상태로 먹는 것이 좋으며 탈지유와 저지방유는 뇌기능을 향상시키는 데 도움이 된다.

8. 굴

굴에는 각종 미네랄이 풍부하여 적혈구 제조를 촉진하고 빈혈의 예방, 치료에 도움이 된다. 또한 비타민 함유량도 많으며 뇌기능을 활성화시키는 DHA가 풍부하다. 특히 굴의 단백질은 알라닌, 글리신, 글루타민산 등의 단맛과 타우린, 시스틴 등의 아미노산이 균형 있게 조성되어 영양의 균형을 잡아주며 신진대사도 매우 활발하게 해준다. 단 주의해야 할 점은 굴의 산란기인 5~8월에 가급적 생굴을 먹지 않는 것이 좋다.

9. 시금치

시금치는 조혈작용을 하는 성분이 함유된 귀중한 채소이다.

대표적인 녹황색 채소로 체내에서 DHA로 변하는 알파 리놀렌산이 많이 함유되어 있어 뇌기능을 향상시킨다. 또한 카로틴과 비타민C, 철분, 칼슘 등도 고르게 함유되어 있다.

따라서 어린이 성장에 도움이 된다. 또한 풍부하게 함유된 철분이 체내에서 헤모글로빈을 형성해 뇌에 산소를 공급해주므로 두뇌를 활성화하는 데 매우 유익한 작용을 한다.

10. 닭고기

닭고기는 부위에 따라 빛깔이 다르며 육질이 섬세하고 연하다.

다른 육류에 비해 지방이 적고 맛이 담백하며 뇌세포를 만드는 단백질이 100g에 19.8g 함유되어 뇌기능 향상에 매우 좋은 식품이다. 또한 소화 흡수율이 단백질 96%, 지방 97%로 대단히 높아 어린이나 위장이 약한 사람에게는 필수적인 단백질 공급원이 된다. 임상영양학에 의하면 체내 단백질이 부족하면 주관이 약하고 소극적이며 우유부단한 성격이 되기 쉽다고 한다. 따라서 닭고기는 뇌기능 향상뿐만 아니라, 적극적이며 활기 넘치는 정신적 에너지를 위해 필수적인 식품이라고 할 수 있다.

11. 콩

콩은 식물성 식품으로는 드물게 양질의 식물성 단백질과 필수 아미노산이 풍부하다.

곡류 중심의 식생활 습관이 배어 있는 사람들에게는 부족하기 쉬운 아미노산인 라이신이 풍부하게 들어 있어 건강에 매우 유익하다.

또한 콩은 불포화지방산 비율이 높아 콜레스테롤 저하 효과가 있고 레시틴이 풍부하여 두뇌 회전을 원활하게 하고 과산화지질 생성을 억제하는 사포닌 성분이 들어 있어 두뇌의 노화를 억제한다. 주의할 점은 생후 7개월 이전에 먹일 경우 알레르기를 일으킬 가능성이 있으며 날것보다는 발효식품이 더 좋다는 점을 명심한다. 콩을 발효시키면 뇌 발달에 도움이 되는 글루타민산이 더 많이 생성된다.

콩 발효식품으로는 된장, 청국장 등이 매우 탁월한 효과가 있다.

12. 대추

대추의 주 성분은 당질이며 철분과 칼슘이 많이 함유되어 있다.

생대추에는 비타민C가 60mg이나 함유되어 있다. 대추는 내장의 쇠약을 회복시키고 노화를 막으며 신경을 안정시키며 정서불안, 노이로제 등을 완화해 정신력을 강화시킨다.

《명의별록》에 따르면, 대추는 속을 보하고 기운을 늘리며 의지를 굳게 하고 힘을 강하게 하며 번민을 없앤다고 한다. 대추차나 간식으로 수시로 먹으면 도움이 된다.

13. 호두

호두는 불포화지방산이 많다. 특히 혈청 콜레스테롤을 저하시키는 필수지방산이 많아 콜레스테롤이 혈관에 불필요하게 부착되는 것을 막아준다. 호두는 뇌신경을 안정시키는 칼슘과 비타민B군이 풍부하여 뇌신경세포를 안정시키는 효과가 있다. 또한 뇌 발달에 필요한 미네랄과 비타민이 많아 두뇌 활동을 강화시킨다. 《본초강목》에 의하면 호두는 간을 보호하고 신장 기능을 강화하며 기억력을 증강시켜 신경쇠약 치료에도 이용된다고 한다. 호두는 하루에 세 개만 먹어도 인체가 필요로 하는 지방의 하루 섭취량이 충족되며 묵은 호두는 가급적 먹지 않는 것이 좋다.

호두와 비슷한 효과가 있는 식품으로는 잣, 땅콩, 호박씨 등이 있다.

뇌 기능을 활성화하는
식품

뇌에서 사용되는 에너지는 뇌 관문에서 엄선된 양질의 성분이다. 몸체에 사용되는 에너지와 달리 뇌의 에너지는 자연성분이면서 인체에 전혀 해가 없는 완전식품에 가까운 것이어야 한다. 두뇌의 구조적·기능적 특성으로 보아 노폐물이 생성되거나 유해성이 조금이라도 있을 경우 뇌에 매우 치명적인 위험을 초래한다.

뇌의 신경체계는 인체를 통제하고 조정하기 때문에 뇌 에너지로 쓰이는 영양성분은 그만큼 중요하다고 할 수 있다.

일반적으로 뇌기능을 활성화하는 것으로는 사포닌을 비롯한 여러 가지가 있지만 한두 가지의 성분이 뇌기능을 주도하는 것은 아니다. 두뇌의 기능을 활성화하는 여러 성분이 부족함 없이 조화되고 균형이 잡혀야 되는 것이다. 따라서 뇌기능을 활성화하려면 영양학적으로 다양하게 고려해야 한다.

특정한 식품만 고집하는 것은 의미가 없다. 영양소별로 특정 성분을 고르게 섭취하는 것이 가장 효과적이다.

뇌기능 활성화에 도움이 되는 영양소

영양소	특징	음식
단백질	기억력, 사고력, 집중력을 향상시켜준다.	달걀, 쇠고기, 돼지고기, 된장, 두부, 우유, 두유, 청국장, 생선, 콩, 치즈
철분	뇌세포로 산소를 운반해 머리를 맑게 해준다.	굴, 닭간, 대추, 쇠간, 쑥, 시금치, 육류의 내장, 잣, 포도, 홍합
칼슘	기억력 및 집중력을 향상시킨다. 뇌세포의 흥분을 가라앉힌다.	깨, 두부, 멸치, 미역, 콩, 정어리, 호두
DHA 및 불포화지방산	뇌기능을 강화해주고 신경세포 기능을 유지하게 해준다.	고등어, 꽁치, 정어리, 참치
레시틴	뇌세포와 신경세포의 주 성분이 되며, 학습과 기억력, 운동과 감각 기능에 관여한다.	고등어, 달걀, 두유, 된장, 땅콩, 참기름, 청국장, 잣, 정어리, 비지, 콩, 호두
비타민B	뇌세포의 추진력을 증진시키고, 사고력을 향상시킨다. 뇌의 피로를 감소시키고, 신경조직을 활성화한다.	콩, 우엉, 잣, 쌀눈, 냉이, 셀러리, 돼지고기, 쇠간, 토마토, 시금치, 호두, 쑥
비타민C	뇌혈관을 강화한다. 좌뇌와 우뇌의 정보 교환을 원활히 해주며, 스트레스를 완화한다.	김, 당근, 레몬, 오렌지, 토마토
비타민E	뇌 속의 노폐물을 제거한다. 기억력을 향상시킨다.	달걀노른자, 땅콩, 수수, 옥수수, 콩, 올리브오일, 우유, 참깨, 현미, 호두, 참기름

뇌가 필요로 하는 음식

1. 과일과 채소류를 많이 섭취한다.

2. 땅콩을 비롯한 콩류의 섭취를 늘린다.

3. 가금류는 껍질을 벗기고 육류는 지방질을 제거하고 섭취한다.

왕처럼 키워라

4. 일주일에 3~4번 이상 생선이나 어유, 신선한 생선회를 섭취한다.

5. 등푸른 생선을 늘 상식한다.

뇌가 요구하는 영양소와 몸이 가진 영양소는 일치하지 않는 경우가 많다.

일차적으로 몸에서 모든 영양소를 만들지만 최적으로 합성된 양질의 에너지만 뇌에서 소모되며 필요로 하기 때문이다. 그렇기 때문에 뇌가 진정으로 요구하는 음식을 섭취하도록 노력해야 한다.

두뇌 발달을 가로막는
음식 10가지

음식은 두뇌의 기능과 밀접한 관계가 있다. 음식이 인체의 다른 조직과 기관에 영향을 미치듯 두뇌에도 지대한 영향을 미친다. 심지어 음식은 인간의 사고와도 깊은 연관성이 있다. 인간의 사고는 습관적으로 오랫동안 섭취한 음식에 따라 직접적인 영향을 받는다. 인간의 사고능력은 두뇌에서 비롯되지만 인체의 전반적인 에너지가 순수할 때 두뇌의 에너지와 사고능력 또한 강해지는 것이다.

그렇기 때문에 수정처럼 맑고 명석하게 사고하려면 반드시 혈액 속의 유독성 성분을 최저수준으로 낮추어야 한다.

두뇌의 기능은 혈액과 산소, 기를 비롯한 여러 성분들에 의해 결정되는데, 섭취한 음식물이 유독성이 있을 때는 당연히 기능이 떨어

진다. 유독한 산이 많이 함유된 혈액으로부터 영양공급을 받는 두뇌
는 효과적인 기능을 할 수 없는 것이다.

　뇌는 미량의 유독성 물질에 중독되어도 멍해지며 명료한 사고를
할 수 없다. 따라서 두뇌를 효과적으로 발달시키려면 두뇌에 좋은 음
식을 섭취하는 것은 물론이고 근원적으로 두뇌 발달을 가로막는 음
식물을 섭취하지 말아야 한다.

1. 백설탕

　금기시해야 할 식품 제1호다.

　설탕을 사용해야 할 음식에는 가급적 흑설탕이나 노란설탕을 쓰
는 것이 바람직하다. 백설탕은 많이 먹을 경우 체액이 산성화되고 뼈
를 구성하고 피를 맑게 하는 칼슘을 뺏어가며 몸을 약하게 만든다.
그렇게 되면 자연 뇌의 기능이 약화될 수밖에 없다. 대표적인 백설탕
함유 식품으로 콜라나 발포성 음료인데 그 속에는 백설탕으로 꽉 채
워진 칼로리가 가득 차 있어 순간적인 에너지 공급은 가능하지만 비
타민이나 무기질 같은 기본적인 영양은 결핍되어 있다. 그러한 조건
은 뇌의 발달에 여러 가지 장애가 될 수 있다.

2. 정제염

　가급적 먹지 않도록 해야 한다.

원래 식염에는 육지 만물의 성분이 녹아들어 무기질이 많이 함유되어 있는데, 정제염을 만들게 되면 골다공증과 고혈압을 초래하기 쉽다. 정제염이 좋지 않은 이유는 소금의 정제과정에서 인체에 유익한 미네랄 성분이 모두 유실되어버리기 때문이다. 정제된다는 것은 기본적인 비타민, 미네랄, 효소 등을 제거하고 해로운 화학물질이 첨가되는 것을 뜻한다. 따라서 소금은 정제과정을 거치지 않은 천일염을 먹는 것이 좋다. 소금은 두뇌 발달에서 매우 중요한 요소이기 때문에 죽염이나 구운 소금을 쓰는 것이 바람직하다.

3. 인스턴트식품

인체 유전자는 영양섭취에서 오랜 세월 동안 자연식품에 익숙해져 있다. 그런데 20세기에 들어서며 급작스런 문화적 변화로 인스턴트식품이 출현하게 되어 두뇌가 이에 쉽게 적응하지 못하고 있다. 특히 뇌는 몸에 비해 더 오랫동안 천천히 진화되어왔고 영양섭취에 대해서도 까다로워서 이에 적응이 느리며 혼란을 가져오기 쉽다.

인스턴트식품에는 거의 대부분 백설탕이나 정제염이 들어 있다고 해도 과언이 아니므로 뇌의 발달을 위해 가급적 먹지 않는 것이 좋다.

4. 흰 밀가루

인체에 좋지 않다. 이는 밀의 가공 과정에서 인체에 유익한 성분들이 모두 빠져나가기 때문이기도 하지만 표백제나 방부제 등이 첨가되었을 수도 있기 때문이다. 따라서 영양소가 살아 있는 통밀 형태로 섭취하거나 가급적이면 인체에 해로운 물질이 첨가되어 있지 않은 우리 밀을 섭취하는 것이 좋다.

5. 빙과류

인위적으로 장의 열을 내리기 때문에 뇌의 기능에 좋지 않은 영향을 미친다. 장은 제 2의 두뇌라고 한다. 장의 기능이 정상적일 때만 두뇌기능이 발달할 수 있다. 장의 기능이 저하되면 일차적으로 머리가 맑지 않게 되며 정서적 불안을 비롯한 여러 가지 나쁜 징후가 나타나기 쉽다. 가급적 빙과류는 섭취하지 않는 것이 두뇌 발달에 도움이 된다.

대표적인 빙과류는 아이스크림, 하드, '쮸쮸바' 등이며 온갖 화학첨가물이 들어 있어 뇌의 발달에 장애를 불러일으키기 쉽다.

6. 유가공품

유가공품은 뇌의 발달에 좋지 않다. 그뿐 아니라 동결육류 및 수입육류도 먹지 않는 것이 좋다.

사료를 많이 먹여서 키운 육류 또한 마찬가지다. 이러한 식품들은 그 생산과정상 풍부하고 순수한 영양이 함유되어 있기 힘들다. 그래

뇌 기능을 강화하는 영양소와 식품

도 육류를 꼭 섭취하고 싶다면 비싸더라도 유기농축에 의한 육류를 소량 섭취하는 것이 좋다.

7. 인공조미료

인공조미료가 많이 첨가된 식품 또한 가급적 피하는 것이 좋다.

천연조미료를 사용하도록 노력하고 자연식품을 섭취하도록 해야 한다. 집에서 식사를 할 때도 가능하면 천연조미료를 사용하는 것이 좋고 가급적 외식을 삼가는 것이 인공조미료 섭취를 줄이는 길이다. 다시마, 멸치 등을 사용한 천연조미료는 두뇌 발달을 촉진하지만 인공조미료의 화학적 성분은 뇌의 발달에 장애를 줄 수 있다.

8. 캔 육류

캔 안에 든 육류는 신선도가 현저히 떨어진다.

또한 부패를 막기 위해 방부제가 첨가되어 있어 뇌의 발달에 유익하지 않다. 상업적인 가공육도 화학적 첨가물이 섞이기 쉽기 때문에 인체에 좋지 않은 영향을 미친다. 모든 육류에는 다소의 독성이 함유되어 있는데, 캔에 든 육류에는 특히 유해성분이 더 많이 함유되어 있다.

일본의 적군파가 산속에 숨어 도피할 때, 캔에 든 육류만을 섭취하다가 나중에는 포악한 성격으로 돌변하여 내부 갈등에 휩싸여 파

멸한 사례가 이를 증명한다.

9. 식용유

식용유는 가급적 사용하지 않는 것이 좋다. 대신 천연기름을 그대로 사용하는 것이 좋다.

참기름이나 들기름, 올리브유 등의 천연기름을 구해서 섭취하면 두뇌 발달에 도움이 된다. 그러나 길거리나 튀김집에서 산화된 식용유로 만든 음식이나 장기적인 식용유의 사용은 두뇌 발달에 지극히 좋지 않다. 검은 참깨 참기름은 두뇌 발달에 특히 도움이 되는데, 가능하면 국산 검은 참깨를 구해서 직접 기름을 짜는 것이 바람직하다.

10. 패스트푸드

패스트푸드에 들어 있는 포화지방산이 뇌세포 성장에 장애를 주기 쉽다.

음식물에 어떤 유형의 지방이 함유되어 있는가는 매우 중요한 요소이다. 지방은 뇌세포 형성과 발달에 강한 영향을 미치기 때문에 섭취한 지방에 따라 뇌의 기능이 결정되기 쉽다. 이미 10년 전부터 포화지방산이 포유류의 뇌에 좋지 않음이 과학적으로 밝혀졌다는 것이 이를 뒷받침한다.

실험 결과, 포화지방산인 라드유를 먹은 실험실 쥐는 고도 불포화지방산인 대두유를 먹은 쥐에 비해 학습 속도가 느리고 미로 찾기 등의 기억력이 현저히 떨어졌다고 한다. 뇌에 나쁜 영향을 주는 주범은 포화지방산으로 기억력과 학습에 해가 되기 때문에 당연히 패스트푸드는 먹지 않는 것이 좋다.

음식은 인체의 유지와 구성에 중요한 역할을 담당하고 있기에 그만큼 선택에 신중을 기해야 한다.

두뇌 발달을 위한 음식으로는 기가 살아 있는 자연식품을 선택하여야 하며, 인체에 유익하지 않은 음식을 먹지 않는 것이 우선적으로 고려되어야 한다.

두뇌 발달에 도움이 되는
궁중차

1. 오미자차 – 간장 보호와 활성산소 제거에 특효

오미자차는 현대인이 꼭 마셔야 할 차이다.

환경오염과 심한 공해로 인한 폐해를 오미자만큼 강력하게 해소시켜주는 것은 없다.

필자는 개인적으로 약차 중에서 오미자차를 거의 매일 마시다시피 한다. 활성산소를 가장 효과적으로 없애주는 약재로서 정말 좋은 차이다. 한 달만 제대로 먹으면 오미자차의 효능은 놀라울 정도다. 오미자는 폐의 기능을 좋게 하며 땀을 멎게 하고 정력을 강화해준다. 설사를 멎게 하는 효과가 있고 진액을 생성하여 갈증을 멎게 하고 심신을 안정시킨다. 오랜 기침으로 인한 숨가쁨, 몸이 허약하여 흘리는 식은땀, 진액 부족으로 인한 갈증, 정력이 약하고 잦은 소변 마려움, 건망증, 신경쇠약과 불면증, 특히 간에 좋다. 최근의 연구발표로는 간염의 혈청 GPT 수치가 높아진 환자에게 응용하여 GPT 수치를 내리게 하는 효능이 있다는 사실이 새롭게 밝혀졌다.

재료 오미자 – 1회에 12~15g
만들어 마시는 법
오미자 가루를 물에 넣어 하루 세 번 마신다. 수시로 마셔도 좋다.

2. 오가피차 – 간장과 신장을 강화

오가피차는 허약체질 개선에 매우 효과적이다.

월드컵의 태극전사들이 장기복용해서 인기가 높은 오가피는 실제 효과가 우수하다.

풍습을 몰아내고 근육과 뼈를 강하게 하고 부종을 해소하며 허리, 무릎의 통증 완화에 효과적이며 하체 무기력과 심한 피로감에 특히 좋다. 현대약리학 연구에 의하면 오가피는 인체의 저항력을 증강시키고 소염, 진정, 해열 및 혈당수치를 하강시키는 작용도 있는 것으로 밝혀졌다. 주로 간장과 신장을 강화하며 간장기능 저하로 인한 만성 피로증후군에 시달리는 사람은 오가피차를 자주 마시는 것이 좋다.

재료 오가피 잎−1회분 8g, 하루분 24g / 오가피 뿌리−1회분 6g, 하루분 18g / 오가피 껍질−1회분 6g, 하루분 18g

만들어 마시는 법

오가피 잎, 뿌리, 껍질 중에서 선택해서 물 반 되를 부어 끓여서 하루 세 번 나누어 마신다.

3. 대추차 − 천연 종합 비타민으로 신경 안정에 효과

대추차는 대중화되어서 누구나 한번쯤 마셔보았을 것이다.

그 자체의 맛도 좋고 효과도 좋은 대추는 비위를 강화하며 신장의 기능을 높여준다.

천연 종합비타민이라고 할 수 있을 만큼 당분, 전분, 지방을 비롯한 비타민이 많이 함유되어 있다. 또한 비타민 함유율이 다른 과일보다 월등하게 높아서 신체의 면역기능을 높여주고 비위를 강화해주는 효능이 강하다. 여성의 경우 무기력, 노이로제, 불면증, 갱년기 증상 등의 진액 부족에 매우 좋다. 비위의 기능이 약화되어 쇠약해지거나 식욕부진, 설사 등의 증상에는 특히 효과가 좋다.

재료 대추 - 1회분 대추 4개, 하루분 12개, 양은 입맛에 따라 선택

만들어 마시는 법

대추의 분말을 타서 마시거나 직접 대추를 물에 끓여 마신다.

4. 구기자차 - 뇌기능 강화와 간 기능 재생에 효과

구기자차를 평생 마시면 늙지 않는다고 한다.

구기자의 성분이 인체에 매우 유익하기 때문이다. 보약에서는 없어서는 안 될 약재로 간장과 신장을 강화하며 눈을 밝게 한다. 간경변증, 간 기능 장애에 특히 효과가 좋다. 또한 체액을 높이고 요통, 현기증, 두통 등에 좋다. 간 기능 재생에 좋으며 뇌의 기능을 강화해 주고 피를 만드는 작용도 도와준다. 유정을 다스리고 허리와 무릎의 통증과 무기력, 음기(陰氣)와 양기(陽氣)의 불균형이나 허약증에도 매우 효과적이다.

재료 구기자 - 1회분 4g, 하루분 12g

만들어 마시는 법

구기자 분말을 물에 타 마시거나 하루분 12g에 물 반 되를 붓고 끓여 하루 세 번 마신다.

5. 국화차 - 눈을 밝게 하고 두뇌 발달에 효과

국화차는 소강절이 즐겨 마셔 유명해졌다.

신경을 완화하고 열을 발산시키며 머리를 맑게 하는 효능이 뛰어나다. 간을 맑게 하고 눈을 밝게 하며, 해독작용과 간의 열을 내려준다. 간열에 의한 질환, 열이 나고 오한이 들며 두통, 종기, 눈 충혈이 심할 때와 간열이 치솟아서 나타나는 현기증, 머리가 아픈 증상에도 효과가 좋다. 현대 약리학 연구에 따르면 국화에는 혈압을 내리는 작용이 있고 심장을 활성화하는 성분이 함유되어 있어 관상동맥을 확장시키며 혈류량을 증가시키는 작용이 있다는 것이 밝혀졌다. 병을 유발할 수 있는 병독, 병균, 진균에 대한 면역과 억제작용력도 강하다고 한다. 국화죽은 수험생의 뇌신경 안정과 두뇌 발달에 매우 좋다.

재료 국화 - 1회분 4g, 하루분 12g

만들어 마시는 법

뜨거운 물에 국화를 타서 충분히 우려내서 마신다.

6. 두충차 - 스트레스 해소에 뛰어난 효과

두충차는 스트레스가 심한 사람에게는 특히 좋다.

뇌 기능을 강화하는 영양소와 식품

현대약리학 연구에 따르면 두충을 달인 성분은 훌륭한 혈압하강 작용이 있고 혈관에 대해 직접적인 확장작용과 콜레스테롤 흡수 억제작용, 뚜렷한 진통작용이 있는 것으로 밝혀졌기 때문이다. 두충은 간장과 신장을 보강하고 뼈와 근육을 튼튼하게 한다. 자주 마시면 다이어트에 효과가 있고 스트레스를 해소시키는 작용으로 매우 효과적이다.

재료　두충 - 1회분 4g, 하루분 12g

만들어 마시는 법

두충 분말을 물에 타 마시거나 하루분 12g을 물 반 되에 끓여 하루 세 번 마신다.

7. 인삼차 - 원기 강화에 있어 황제의 약효

인삼차는 설명이 따로 필요 없을 것이다.

원기를 보하고 폐와 비장을 강화하며 진액을 생성시키고 갈증을 멎게 하며 심신을 안정시킨다. 기혈과 진액이 부족한 증세에 인삼만한 약재가 없다. 기(氣)가 허하고 맥박이 약하며 숨이 가쁘고 무기력, 식욕부진, 심신불안, 불면증 등 다양한 증세에 모두 적용된다. 그러나 인삼은 기(氣)를 보하는 작용이 강해 열이 많은 사람이나 열이 치솟거나 음식에 체했을 때는 금하는 것이 좋다. 인삼과 궁합이 맞지 않는 대표적인 식품으로는 무, 진한 녹차, 커피 등이다. 인삼은 특별히 허약체질이 아닌 한 장기복용은 좋지 않다. 체내의 기(氣)가 허할 때는 작용력이 강하지만 그 기(氣)가 채워지면 더 이상 작용을 않거나 지나치게 열을 일으킬 수 있기 때문이다.

재료 홍삼가루 - 1회분 4g, 하루분 12g
만들어 마시는 법
수삼이나 생삼보다 홍삼가루를 물에 타서 하루 세 번 마신다.

두뇌 발달에 도움이 되는
궁중 약죽

두뇌의 기능은 장부의 상태와 밀접한 관계가 있다. 어떤 특정한 장부의 기능이 저하되면 자연 그 부위와 연관된 뇌의 기능이 약화되기 쉽다. 그래서 두뇌의 기능을 강화하려면 먼저 장부의 기능을 정상적인 상태로 만들어야 한다.

장부의 건강상태가 최상으로 끌어올려지면 그 다음 뇌에 좋은 식품을 선택하는 것이 바람직하다. 그런 점으로 미루어볼 때, 평소에 두뇌와 장부의 균형 있는 건강관리를 위해서는 두뇌 발달에 도움이 되는 궁중 약죽을 자주 먹는 것이 좋다.

궁중 약죽은 두뇌와 장부의 기능을 강화시켜주는 특별한 효과가 있다. 그런데 현대인은 맛에 대한 미각이 매우 발달되어 있어 아무리 궁중 약죽이 좋다고 해도 맛이 없으면 먹지를 않는다.

　궁중 약죽을 맛있게 만드는 방법은 무엇일까?
　우선은 쌀을 1~2시간 동안 충분히 불려야 한다. 죽을 끓일 때에
도 센 불에서 약한 불로 옮겨 천천히 끓여 퍼지게 하는 것이 좋다. 물
은 재료의 5~10배로 충분히 잡는 것이 좋다. 또 맛을 느낄 수 있도
록 재료에 적절한 육류를 첨가하는 것도 좋다.
　주의할 점은 죽을 만들 때, 가능하면 철제 냄비를 쓰지 않는 것이
좋다. 한약성분이 철제성분과 화학반응을 일으켜 효과가 약화되거나
몸에 해를 끼칠 수도 있기 때문이다. 가급적이면 질그릇이 좋으며 담
는 그릇은 사기그릇이나 법랑세트가 좋다.
　환경오염이 심하고 바쁜 시대에는 궁중 보양식이 절대적으로 필
요하다.
　아침에 간단하게 빵과 우유만 먹고 바쁘게 출근하는 것보다는 보
양죽이 백 배 영양가 있고 몸에 좋다. 특히 성장기 어린이나 수험생
에게 보양죽은 두뇌 발달에 매우 뛰어난 효과가 있다. 보양죽으로 몸
을 건강하게 하고 두뇌를 총명하게 해주는 것이 현명하다.

뇌 기능을 강화하는 영양소와 식품

1. 녹두죽- 약물로 인한 뇌기능 저하 예방의 효과

녹두는 열을 맑히며 해독작용이 뛰어나다.

녹두는 몸 안에 생긴 열독을 없애주고 염증을 가라앉히며 숙취를 해소한다. 음식 중독, 약물중독, 극성이 있는 약독 등을 해독시키는 효능이 강하다. 약물중독에는 녹두의 생즙을 갈아 마시는 것이 좋다. 또한 약물중독으로 만성발진이 생긴 경우에도 녹두죽을 꾸준히 먹으면 피부가 고와진다. 그러나 녹두는 약물과 상극관계로서 해독을 하기 때문에 약물복용 중에 녹두를 먹으면 약효가 현저히 줄어든다. 특히 잉어와는 대단히 상극이기 때문에 잉어탕을 먹은 후 녹두죽, 녹두전 등은 먹지 말아야 한다. 이 녹두죽은 약을 오남용하거나 유해 환경에 오염되기 쉬운 현대인들이 필히 먹어야 할 식품이다. 평소 약을 좋아하고 많이 먹는 사람은 잠시 약을 중단하고 녹두죽을 먹는 것이 좋다. 왜냐하면 해독으로 인한 뇌기능의 저하를 예방할 수 있기 때문이다. 자주 먹을 필요는 없지만 현대인은 가끔씩 먹는 것이 예방 차원에서 매우 바람직하다.

재료 녹두 60g, 쌀 100g, 소금
만드는 법
① 쌀을 물에 2시간 동안 불린다.

② 녹두를 깨끗이 씻어 건조한 후 가루로 만든다(녹두가루 준비).

③ 준비된 재료를 냄비에 넣고 물을 부어 낮은 불로 가열한다.

④ 충분히 익어 죽이 되면 소금으로 간을 맞춘다.

먹는 법

아침과 저녁으로 두 번을 먹는다. 천천히 오래 씹어 먹는 것이 좋다.

2. 영지죽 – 심장 강화와 신경 안정

영지는 건조된 것으로 광택이 나는 것이 좋다.

쓴맛이 강한 것이 좋으며 에르고스테롤, 유기산, 수지, 코말린, 다당류, 만니톨 등이 함유되어 있다. 영지는 심장의 열을 내려주며 강장시킨다. 진정제로서 신경쇠약증이나 불면증, 소화불량에도 도움이 된다.

영지죽은 심장을 강화하고 신경을 안정시키기 때문에 학생이나 시험을 준비하는 수험생이 먹으면 매우 효과적이다.

재료 영지 20g, 찹쌀 50g, 우리 밀 60g, 흑설탕 40g, 소금 조금

만드는 법

① 영지는 깨끗이 씻어 잘게 잘라서 가제에 싼다.

② 찹쌀과 밀은 깨끗이 씻어둔다.

③ 준비한 재료를 냄비에 담고 물을 부은 뒤 약한 불로 가열한다.

④ 죽이 되어 푹 익으면 흑설탕을 넣어 간을 맞춘다.

먹는 법

쓴맛이 있기 때문에 맛을 잘 조절하여 아침에 먹는 것이 좋다. 냉장고에 보관하여 5일에서 7일까지 먹는 것이 좋다. 수분이 충분하도록 해서 연한 상태로 먹는다.

3. 율무죽 – 신경을 안정시키는 효과

율무는 한약재로 의이인이라고 하며 이뇨효과가 특별히 좋다.

수분대사가 좋지 않은 비만에 대단히 효과가 좋다. 《동의보감》에는 "성질이 약간 차고 맛은 달며 독이 없다"고 기록되어 있다.

신경을 안정시키는 효과가 뛰어나고 몸의 기운을 내려주기 때문에 뇌의 기능을 강화해준다.

재료 율무 80g, 멥쌀 120g, 흑설탕, 소금 조금

만드는 법

① 율무를 깨끗이 씻어 햇볕에 잘 말린다.

② 율무를 부드럽게 가루를 낸다(율무가루를 구입해도 된다).

③ 멥쌀과 함께 넣어 죽을 쑨다.

먹는 법

아침 대용으로 먹는 것이 가장 좋다. 매일 아침, 저녁으로 두 번 장복하는 것이 효과가 지속적이며 빠르다. 어린이는 수분을 많게 해서 수프처럼 먹이는 것도 효과적이다.

4. 황기죽 – 허약체질 개선에 특효

원기가 허약한 허약체질 개선에 특효가 있다.

《동의보감》에 보면, "성질이 약간 따스하고 맛이 달며 독이 없고 허약한 체질을 개선하며 기운을 강화해준다"고 되어 있다. 황기죽은 허약체질로 인해 뇌의 기능이 저하되고 학습 능력이 떨어지는 수험생, 정신노동자에게 매우 좋다.

재료 황기 30g, 찹쌀 60g, 진피 2g, 흑설탕, 소금 조금

만드는 법

① 황기와 진피(노란 귤껍질 말린 것)를 깨끗이 씻어서 말린다.

② 황기와 진피를 물에 넣어 끓여서 걸러내고 그 순수한 물인 약물을 받는다.

③ 약물에 찹쌀을 넣고 푹 끓인다.

④ 죽이 되도록 저어가며 흑설탕과 소금을 구미에 맞게 첨가한다.

먹는 법

아침과 저녁으로 두 번 먹는다. 따뜻한 상태로 먹어야 하며, 장복을 하는 것이 좋다.

5. 대추죽– 천연 종합비타민으로 신체면역 기능을 향상

대추는 비위를 강화하며 신장의 기능을 높여준다.

천연 종합비타민이라고 할 수 있을 만큼 당분, 전분, 지방을 비롯한 비타민이 많이 함유되어 있다. 비타민 함유율이 다른 과일보다 월등하게 많다. 그래서 신체의 면역기능을 높여주고 비위를 강화해주는 효능이 강하다. 대추죽은 뇌의 기능을 활성화하는 효과가 있어 학생, 수험생 등 뇌를 많이 쓰는 사람에게 효과적이다.

재료 대추 20개, 멥쌀 100g, 멸치 국물, 간장, 후춧가루, 참기름, 소금

만드는 법

① 멸치 국물을 준비한다.

② 대추는 씨를 뺀 후 썰어놓는다.

③ 쌀을 멸치 국물에 1시간 동안 불렸다가 대추를 끓인다.

④ 낮은 불로 충분히 끓인 후에 간장, 후춧가루, 소금으로 간을 맞춘다.

⑤ 참기름은 죽을 그릇에 담은 후에 입맛에 맞게 친다.

먹는 법

천천히 오래 씹어 삼켜야 한다. 아침, 저녁 두 번으로 나누어서 먹는다.

6. 당근죽 – 비위를 강화하여 빈혈을 예방

비위를 강화하는 효과가 있다.

입맛이 없고 시력이 나빠지거나 이명증이 있을 때 좋다. 당근에는 당분, 비타민A를 비롯한 칼슘, 인 등이 많이 함유되어 있다. 특히 카로틴 함유율이 높다. 카로틴은 노안을 방지하고 신경을 안정시키며 신진대사를 조절하여 면역성을 높여준다. 당근죽은 비위가 약하거나 빈혈이 있어 뇌의 기능이 저하되는 학생, 수험생에게 매우 효과적이다.

재료 당근 50g, 쌀 100g, 멸치 국물, 간장, 참기름, 소금

만드는 법

① 멸치 국물을 준비한다.

② 쌀을 멸치 국물에 1시간 동안 불린다.

③ 당근은 씻어서 가늘게 채를 썰어놓는다.

④ 준비한 당근과 쌀, 멸치 국물을 솥에 넣어 낮은 불로 끓인다.

⑤ 죽을 그릇에 담으며 간을 맞추고 참기름을 친다.

먹는 법

당근을 꼭꼭 씹어서 천천히 먹는다. 하루 두 번을 먹으며 오래 장복하는 것이 좋다.

7. 밤죽 – 어린이의 보양식에 최고의 효과

과실로서는 신장을 강화하는 효과가 가장 강하다.

《동의보감》에 보면, '성질이 따스하고 맛이 짜며 독이 없고 기를 더해주고 위를 보해주며 신장의 기를 도와준다'고 되어 있다. 밤에는 단백질, 비타민C를 비롯한 카로틴, 칼슘, 철, 칼륨 등이 풍부하다. 어린이의 두뇌 발달에 매우 효과가 좋다.

재료 말린 밤 20개, 찹쌀 80g, 멸치 국물, 간장, 소금, 참기름

만드는 법

① 멸치 국물을 준비한다.

② 말린 밤을 잘게 갈거나 쪼개어 멸치 국물에 3시간 동안 불린다.

③ 찹쌀은 멸치 국물에 30분 동안 불린다.

④ 불린 찹쌀과 말린 밤을 멸치 국물에 넣고 낮은 불로 죽을 쑨다.

⑤ 죽을 그릇에 담아 간을 맞추고 참기름을 조금 친다.

먹는 법

식사 대용으로 자주 먹는 것이 효과적이다. 어린이나 노인의 신장 강화를 위해서는 상식하는 것이 가장 바람직하다.

8. 호두죽 – 두뇌 발달, 폐와 신장 기능 강화

호두의 형상은 인간의 뇌와 많이 닮아 있다.

그래서 옛날 중국에서는 호두를 먹으면 머리가 총명해진다고 믿고 명절에 호두를 선물하는 풍습이 있었다고 한다. 실제로 호두는 그만큼 다량의 영양소를 함유하고 있다. 《동의보감》에 보면 '성질이 고르게 덥고 맛이 달며 독이 없고 경맥을 통하게 하고 혈맥을 붙이고 수발을 검게 하고 살이 찌고 건강하게 한다'고 되어 있다. 호두죽은 뇌를 총명하게 하는 효과가 매우 뛰어나기 때문에 수시로 복용하는 것이 좋다.

재료 호두 속살 50g, 쌀 100g, 대추 20g, 검정깨 20g, 생강 3g, 흑설탕, 소금

만드는 법

① 호두 속살을 1시간 동안 물에 불린다.

② 쌀은 2시간 동안 물에 불린다.

③ 대추는 씨를 제거한다.

④ 냄비에 불린 호두 속살과 쌀을 함께 넣고 물을 부어 죽을 쑨다.

⑤ 죽이 충분히 끓고 난 후에 검정깨와 흑설탕을 넣어 간을 맞춘다.

⑥ 죽을 그릇에 담고 생강 다진 것을 조금 넣고 소금으로 입맛에 맞도록 조절한다.

먹는 법

어린이, 노인, 수험생 간식으로 좋다. 아침식사와 저녁 늦게 간식으로 먹는 것이 좋다.

9. 검은 참깨죽 – 두뇌를 총명하게 하고 오장을 강화

참깨의 주 성분인 글로불린은 동물성 단백질과 맞먹는 정도이다.

채식을 위주로 하는 식성을 지닌 사람에게는 매우 유익한 죽이다. 참깨는 자양 강장과 해독 효과가 있으며 예부터 장수식품으로 알려져 있다.

《동의보감》에 보면 "성질이 고르고 맛이 달며 독이 없다. 기력을 더해주고 근육과 뼈를 강화하고 두뇌를 총명하게 하며 오장을 강화해준다"고 되어 있다. 두뇌를 총명하게 하기 때문에 간식으로 자주 먹는 것이 좋다.

재료 검은 참깨 60g, 쌀 100g, 당근 10g, 간장, 소금

만드는 법

① 쌀을 물에 3시간 동안 불린다.

② 검은 참깨를 깨끗이 씻어 가루를 낸다.

③ 냄비에 쌀과 함께 검은 참깨 가루를 넣고 낮은 불로 끓인다.

④ 당근을 가늘게 채 썰어 죽이 다 끓었을 때 넣는다.

⑤ 죽을 그릇에 담은 후 입맛에 맞도록 간을 친다.

먹는 법

하루에 세 번 먹는 것이 좋다. 특히 어린이나 수험생에게는 간식으로 먹이는 것이 좋다.

참고도서

강경선 외 4인, 《이야기가 있는 경복궁 나들이》, 역사넷, 2003

국사편찬위원회, 《조선왕조실록》, 1958

김동욱, 《이조학교풍속고》, 중앙대학교논문집 제3집, 1958

김문식·김정호, 《조선의 왕세자 교육》, 김영사, 2003

김용삼, 《재미로 읽는 조선왕조실록》, 월간조선사, 2004

나카가와 하치로, 안용근 역, 《머리가 좋아지는 영양학》, 전파과학사, 1995

나카마츠 요시로, 민병수 역, 《천재아이로 키우는 두뇌훈련》, 가림출판사, 2002

루스 실로, 김현수·방계숙 역, 《아들 딸은 유태식으로 키워라》, 민지사, 1988

루스 실로, 원응순 역, 《자식은 유대인처럼 키워라》, 도서출판 한글, 2003

문미화, 《리더로 키운 유태인 부모의 말 한마디》, 가야넷, 2001

박영규, 《조선의 왕실과 외척》, 김영사, 2003

박영규, 《한권으로 읽는 조선왕조실록》, 들녘, 2004

백승헌, 《왕실의 궁중건강 비법》, 하남출판사, 2003

상종열, 《도해 조선왕조실록》, 이다미디어, 2004

서울문화 사학회, 《조선 시대 서울 사람들 1》, 어진이, 2003

서유헌, 《잠자는 뇌를 깨워라》, 평단문화사, 2000

신명호, 《조선의 왕》, 가람기획, 2002

영·유아능력개발연구원, 《천재는 뇌가 결정한다》, 동천사, 2004

오오시마 가요시, 서덕빈 역, 《뇌가 좋아지는 80가지 힌트》, 평단문화사, 1999

이기문·김진희, 《조선 왕실 천재 교육》, 오성출판사, 2003

이만규, 《조선교육사 상》, 을유문화사, 1947

이상희·아셀나임 공저, 《어머니를 위한 영재뇌 자연발육법》, 열음사, 1999

이원섭, 《왕실양명술》, 도서출판 초롱, 1993

이원호, 《조선 시대 교육의 연구》, 문음사, 2002

이토카와 히데오, 엄기환 역, 《천재두뇌양성법》, 태을출판사, 2000

임용한, 《조선국왕 이야기2》, 혜안, 1999

진 카퍼, 이순주 역, 《기적의 두뇌》, 학원사, 2003

최기억, 《세종대왕 인간 경영 리더십》, 이지북, 2004

한기언, 《한국교육사》, 박영사, 1936

한복진, 《조선왕조 궁중음식》, 화산문화, 2002

왕처럼 키워라

© 백승헌, 2016

초 판 1쇄 발행일 2005년 1월 26일
개정판 1쇄 발행일 2016년 8월 31일

지은이   백승헌
펴낸이   정은영
책임편집 고은주

펴낸곳   이지북
출판등록 2001년 11월 28일 제2001-000259호
주소   (04083) 서울시 마포구 성지길 54
전화   편집부 (02)324-2347, 경영지원부 (02)325-6047
팩스   편집부 (02)324-2348, 경영지원부 (02)2648-1311
이메일   spacenote@jamobook.com

ISBN 978-89-544-3644-1 (03370)

 • 이지북은 ㈜자음과모음의 자기계발 · 경제경영 · 실용 브랜드입니다.
 • 잘못된 책은 구입처에서 교환해드립니다.
 • 이 책은 《700년 앞서간 조선왕실의 천재교육》의 개정판입니다.

이 도서의 국립중앙도서관 출판예정도서목록(CIP)은 서지정보유통지원시스템 홈페이지
(http://seoji.nl.go.kr)와 국가자료공동목록시스템(http://www.nl.go.kr/kolisnet)에서
이용하실 수 있습니다.(CIP제어번호: CIP2016018479)